D1923134

Finanzwirtschaft

Übungen & Musterklausuren

Bernd Weidtmann

EduMedia

Finanzwirtschaft - Übungen & Musterklausuren

Autor:
Bernd Weidtmann, Dipl.-Kaufmann
Fachlehrer an einem privaten Berufskolleg
und Lehrbeauftragter an der Weiterbildungsakademie der IHK, Ostwestfalen

Herausgeber:
Dr. Bernd Arnold,
Leiter der Masterprüfungszentrale Xpert Business

Fragen, Hinweise, Anregungen?
www.edumedia.de/verlag/rueckmeldungen

1. Auflage, Druckversion vom 31.08.2011, POD-5.1

Beratende Mitarbeit und Fachlektorat: Klaus Lederle, Karin Schleines, Mitglieder im Bundesprüfungsausschuss Finanzwirtschaft der Masterprüfungszentrale Xpert Business
Redaktion: Mathias Repka, Dipl.-Medienwiss.; Ralf Schlötel, Dipl.-Ing.
Layout, Satz und Druck: Educational Consulting GmbH, Ilmenau
Printed in Germany

Umschlaggestaltung: Educational Consulting GmbH, Ilmenau

Internetadresse: http://www.edumedia.de

ISBN 978-3-86718-**560**-8

Lernen leicht gemacht!

Für Ihren optimalen Lernerfolg enthält dieses Buch ...

authentische Übungsszenarien:
Wenden Sie das erworbene Wissen in ausführlichen Übungsszenarien aus der beruflichen Praxis an.

Musterklausuren:
Bereiten Sie sich anhand authentischer von der Masterprüfungszentrale freigegebener Musterklausuren optimal auf die Zertifikatsprüfung vor.

Lösungen:
Überprüfen Sie Ihre Ergebnisse der Übungen, Musterklausuren und Praxisaufgaben aus dem Lehrbuch anhand der Lösungsdarstellungen.

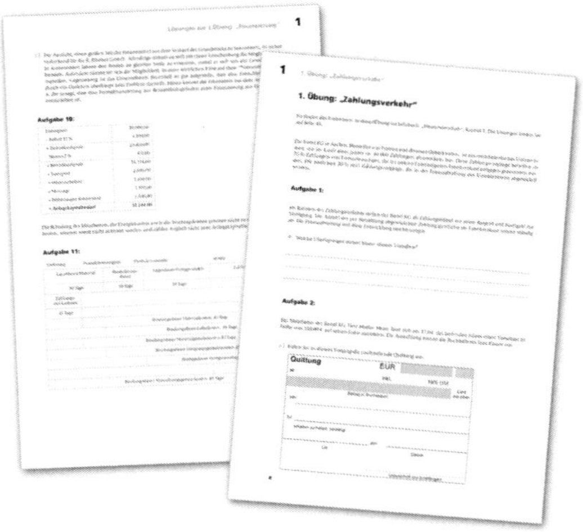

Was Sie wissen sollten ...

Damit unsere Unterrichtsmaterialien lebendig und lesbar bleiben, haben wir in dem vorliegenden Band auf Wortungetüme wie „LeserInnen" u. ä. verzichtet und stattdessen die männliche Form verwendet. Bitte haben Sie Verständnis für unser Vorgehen, liebe Leserin. Sie sind selbstverständlich ebenso gemeint, wenn wir z. B. von „dem Unternehmer" oder „dem Mitarbeiter" sprechen.

So kommen Sie weiter:

Dieses Buch führt Sie zum Xpert Business Zertifikat

Finanzwirtschaft

Dies ist u.a. Bestandteil folgender Abschlüsse:

Geprüfte Fachkraft Internes Rechnungswesen

- Finanzbuchführung 1 ☐
- Finanzwirtschaft ☑
- Kosten- und Leistungsrechnung ☐
- Controlling ☐

Buchhalter/in (XB) Finanzbuchhalter/in

- Finanzbuchführung 2 ☐
- Finanzbuchführung 3 (EDV) DATEV oder Lexware ☐
- Finanzwirtschaft ☑
- Kosten- und Leistungsrechnung ☐

Buchhalter/in (XB) Finanz- und Lohnbuchhalter/in

- Finanzbuchführung 2 ☐
- Finanzbuchführung 3 (EDV) DATEV oder Lexware ☐
- Finanzwirtschaft ☑
- Kosten- und Leistungsrechnung ☐
- Lohn und Gehalt 2 ☐
- Lohn und Gehalt 3 (EDV) DATEV oder Lexware ☐

Xpert Business Abschlüsse | Betriebswirtschaft

	Geprüfte Fachkraft (XB)				Buchhalter/in (XB)		Manager/in (XB)
XB Kurse	Finanzbuchführung	Internes Rechnungswesen	Externes Rechnungswesen	Lohn und Gehalt	Finanzbuch-halter/in *	Finanz- und Lohnbuchhalter/in	Betriebswirtschaft Rechnungswesen
Finanzbuchführung (1)	●	●					
Finanzbuchführung (2)	●		●		●	●	●
Finanzbuchführung (3) EDV	●				●	●	
Bilanzierung			●		● (alternativ)	● (alternativ)	●
Finanzwirtschaft		●			● (alternativ)	● (alternativ)	●
Kosten- und Leistungsrechnung		●			●	●	●
Controlling		●					●
Betriebliche Steuerpraxis			●				●
Lohn und Gehalt (1)				●			●
Lohn und Gehalt (2)				●		●	
Lohn und Gehalt (3) EDV				●		●	

* Zugangsvoraussetzung für Betriebs- und Fachwirtstudiengänge am Management-Zentrum Villingen, einem Unternehmen der HWK Konstanz.

Bitte informieren Sie sich bei Ihrer Volkshochschule, bei der Masterprüfungszentrale Xpert Business oder beim EduMedia-Verlag.

EduMedia

EduMedia-Verlag

Kundenservice
Tel. 05031 - 909800
E-Mail: info@edumedia.de
Website: www.edumedia.de

Xpert Business

Masterprüfungszentrale
Xpert Business
Annegret Klose
Tel. 0711 - 7590036
E-Mail: klose@vhs-bw.de
Web: www.xpert-business.eu

So kommen Sie noch weiter:

Das Zertifikatssystem **Xpert Personal Business Skills** bietet Ihnen 12 berufsrelevante Weiterbildungskurse unterteilt in 4 Fachgebiete. Jeder der 12 Kurse kann mit einer Prüfung und einem Einzelzertifikat abgeschlossen werden.

Kombinieren Sie die Einzelzertifikate zu drei aufeinander aufbauenden Abschlüssen - ganz nach Ihrem individuellen Weiterbildungsbedarf.

Reden und verhandeln

Wirksam vortragen
Rhetorik 1

Erfolgreich verhandeln
Rhetorik 2

Erfolgreich verkaufen
Verkaufstraining

Zielgerichtet präsentieren

Overheadfolien und Bildschirmshows
am Computer erstellen und gestalten

Präsentationen
gekonnt durchführen

Effektiv planen und organisieren

Projekte realisieren
Projektmanagement

Zeit optimal nutzen
Zeitmanagement

Kompetent entscheiden
und verantwortungsbewusst handeln

Probleme lösen
und Ideen entwickeln

Gruppenprozesse moderieren

Konflikte lösen
Konfliktmanagement

Erfolgreich moderieren
Moderationstraining

Teams erfolgreich
entwickeln und leiten

Mögliche Abschlüsse:

Xpert Personal Business Skills
Für diesen Abschluss benötigen Sie 3 Einzelzertifikate aus mind. 2 Fachgebieten.

Xpert Personal Business Skills Pro
Für diesen Abschluss benötigen Sie 5 Einzelzertifikate aus mind. 3 Fachgebieten.

Xpert Personal Business Skills Master
Für diesen Abschluss benötigen Sie 5 Einzelzertifikate aus mind. 3 Fachgebieten, sowie eine Zusatzleistung (je nach Kurs z.B. eine Präsentation oder Projektarbeit).

Bitte informieren Sie sich bei Ihrer Volkshochschule, bei der Europäische Prüfungszentrale Xpert PBS oder beim EduMedia-Verlag:

EduMedia-Verlag

Kundenservice
Tel. 05031 - 909800
E-Mail: info@edumedia.de
Website: www.edumedia.de

Europäische Prüfungszentrale
Xpert Personal Business Skills
Udo Schneidereit
Tel. 0211 - 54214115
E-Mail: info@personal-business-skills.de
Web: www.personal-business-skills.de

Vorwort

Liebe Leserin, lieber Leser,

ich freue mich über Ihr Interesse an der Xpert Business Reihe. Gerade in der heutigen Zeit, in der mehr denn je Interesse und Verständnis für volks- und betriebswirtschaftliche Fragen erwartet werden, spielt auch das Thema Finanzwirtschaft eine wichtige Rolle für die Perspektive am Arbeitsplatz.

Der vorliegende Band wurde entwickelt, um Ihnen das Lernen im Kurs und zu Hause zu erleichtern. Er fasst den Lernstoff aktuell zusammen und hilft, das Mitschreiben zu minimieren. So kann Ihre wertvolle Aufmerksamkeit auf das Kursgeschehen gerichtet bleiben.

Der Inhalt des Bandes ist in enger Zusammenarbeit von Verlag und Masterprüfungszentrale entstanden; der Autor ist erfahrener Praktiker und lehrt an verschiedenen Institutionen der Erwachsenenbildung.

Ich wünsche Ihnen viel Erfolg, aber auch Freude mit dem vorliegenden Band und hoffe, dass Sie durch die Arbeit mit den Büchern der Reihe Xpert Business nicht nur mehr Wissen und Können, sondern auch noch mehr Spaß am Lernen gewinnen.

Ihr
Dr. Bernd Arnold

Leiter der Masterprüfungszentrale Xpert Business

Inhalt

1 Übungen

Dieses Kapitel bietet sechs umfangreiche Übungsszenarien, die auf den Kapiteln des Lehrbuches aufbauen. Das erworbene Wissen können Sie so in betrieblichen Praxisfällen anwenden und üben.

Inhalt:

1. Übung: „Zahlungsverkehr"

Sie finden das Basiswissen zu dieser Übung im Lehrbuch „Finanzwirtschaft", Kapitel 1. Die Lösungen finden Sie auf Seite 48.

Die Bartel KG in Aachen, Hersteller von Printen und diversen Gebäcksorten, ist ein mittelständisches Unternehmen, das im Laufe eines Jahres ca. 40.000 Zahlungen abzuwickeln hat. Diese Zahlungsvorgänge betreffen zu 70 % Zahlungen von Endverbrauchern, die im unternehmenseigenen Fabrikverkauf entgegen genommen werden. Die restlichen 30 % sind Zahlungsvorgänge, die in der Finanzabteilung des Unternehmens abgewickelt werden.

Aufgabe 1:

Im Rahmen des Zahlungsverkehrs stehen der Bartel KG als Zahlungsmittel vor allem Bargeld und Buchgeld zur Verfügung. Die Anzahl der per Barzahlung abgewickelten Zahlungsgeschäfte im Fabrikverkauf nimmt ständig ab. Die Finanzabteilung will diese Entwicklung beschleunigen.

◆ Welche Überlegungen stehen hinter diesem Vorhaben?

....

....

....

Aufgabe 2:

Ein Mitarbeiter der Bartel KG, Herr Martin Meier, lässt sich am 15.04. des laufenden Jahres einen Vorschuss in Höhe von 350,00 € auf seinen Lohn auszahlen. Die Auszahlung nimmt die Buchhalterin Frau Krause vor.

a) Füllen Sie zu diesem Vorgang die nachstehende Quittung aus.

Quittung EUR

Nr. inkl. 19% USt

Cent wie oben

Betrag in Buchstaben

von

für

erhalten zu haben, bestätigt

, den

Ort Datum

Unterschrift des Empfängers

b) Begründen Sie bitte, warum bei der Barzahlung - anders als bei halbbarer und bargeldloser Zahlung - Quittungen ausgestellt werden.

....

....

....

Aufgabe 3:

Die Bartel KG hat im Kleinanzeigenteil der Tageszeitung den gebrauchten Dienstwagen des Inhabers für 26.000,00 € inseriert. Eine Person interessiert sich für den PKW, legt die verlangte Summe in Scheinen auf den Tisch und will den Wagen sofort mitnehmen.

a) Warum ist in einer solchen Situation generell Vorsicht geboten?

....

....

....

b) Welche Pflichten hat die Bartels KG nach dem Geldwäschegesetz in einer solchen Situation mindestens zu erfüllen?

....

....

....

Aufgabe 4:

In einem Kaufvertrag über Gewürze mit einem Lieferanten in Hamburg ist eine Scheckzahlung vereinbart. Vertragswert: 2.300,00 €. Es ist nicht zu vermeiden, dass die Bartel KG daher zum Zahlungsausgleich einen Scheck an eine im Kaufvertrag genannte Anschrift in München schicken muss.

a) Warum sollte ein Unternehmen grundsätzlich darauf verzichten, per Scheck zu bezahlen, insbesondere auf dem Postweg?

....

....

....

b) Wenn es nicht anders geht: Welche Scheckart wird die Bartel KG sinnvoller Weise verwenden? Begründen Sie Ihre Meinung.

....

....

....

c) Beim Ausfüllen des Schecks unterläuft der Sachbearbeiterin ein Fehler: Sie trägt bei der Angabe des Betrages in Worten: Zweitausenddreihundert, in Ziffern jedoch 3.200 ein. Auch dem unterschreibenden Vorgesetzten fällt der Fehler nicht auf. Wie ist nun die Rechtslage?

....

....

....

d) Bei der Einreichung hat der Geschäftspartner in Hamburg eine bestimmte Frist zu beachten. Wonach richtet sich diese Frist?

....

....

....

e) Welches Problem kann für den Geschäftspartner auftauchen, wenn der Scheck nach Ablauf dieser Frist eingereicht wird?

....

....

....

Aufgabe 5:

Im Rahmen der Belieferung von Kiosken und anderen kleinen Einzelhandelsunternehmen taucht regelmäßig das Problem einer verzögerten Bezahlung der gelieferten Waren auf. Die Bartel KG will künftig mit neuen Kleinkunden nur noch Lieferverträge abschließen, wenn die Zahlung im Wege des Lastschriftverfahrens im Rahmenliefervertrag vereinbart wird. Dabei stehen zwei Verfahren zur Auswahl: das Einzugsermächtigungsverfahren und das Abbuchungsverfahren.

a) Erläutern Sie grundsätzlich das Prinzip des Lastschriftverfahrens.

....

....

....

b) Welche Vorteile hat die Bartel KG generell bei der Anwendung eines solchen Verfahrens?

....

....

....

c) In welchen wesentlichen Punkten unterscheiden sich die beiden genannten Verfahren?

....

....

....

d) Entscheiden Sie sich vor dem Hintergrund der genannten Situation für das vorteilhafteste Verfahren und begründen Sie Ihre Meinung.

....

....

....

Aufgabe 6:

Die Bartel KG strebt eine Teilnahme am elektronischen Zahlungsverkehr an.

a) Welche beiden wesentlichen Vorteile verspricht sich das Unternehmen von dieser Maßnahme?

....

....

....

b) Welche technischen Voraussetzungen muss die Bartel KG zu diesem Zweck erfüllen?

....

....

....

Aufgabe 7:

Die außendienstorientierten Führungskräfte der Bartel KG sollen mit einer firmengebundenen Kreditkarte ausgestattet werden.

a) Welche Voraussetzung wird im Normalfall an die Ausgabe einer Kreditkarte geknüpft?

....

....

....

b) Welche Zahlungen sollen die Außendienstmitarbeiter vorzugsweise mit der Karte bezahlen?

....

....

....

c) Welche Vorteile verspricht sich die Bartel KG von dieser Maßnahme?

....

....

....

d) Andererseits: Welches Risiko geht die Bartel KG mit der Ausgabe von Kreditkarten an die Mitarbeiter ein?

....

....

....

Aufgabe 8:

Im Fabrikladen der Bartel KG belaufen sich die Einkäufe im Normalfall auf einen Wert zwischen 5,00 € und 20,00 €. Man plant, dass die Kunden künftig mit ihrer Debitkarte/Bankkarte bezahlen können.

a) Welche grundsätzlich verschiedenen Zahlungsmöglichkeiten stehen mit der Debitkarte zur Verfügung?

....

....

....

b) Welches Verfahren würden Sie für die Bartel KG empfehlen? Begründen Sie Ihre Aussage.

....

....

....

Aufgabe 9:

Im Rahmen der Globalisierung ist es nicht ausgeblieben, dass die Bartel KG Waren und Betriebsmittel aus dem Ausland bezieht. Da die Bartel KG unter anderem viele Zutaten aus dem nord- und südamerikanischen Raum bezieht, richtet Sie bei ihrer Hausbank ein Fremdwährungskonto ein.

◆ Welche Vorteile verspricht sich die Bartel KG von einem solchen Konto?

....

....

....

Aufgabe 10:

Die Bartel KG liefert gelegentlich auch Waren in das außereuropäische Ausland.
Ein Kaufvertrag über 24.000 CAD wird mit einem Kunden aus Montreal abgeschlossen.

a) Bei Zahlungsvorgängen mit dem Ausland kommen grundsätzlich die dokumentäre und die nicht dokumentäre Zahlung in Betracht. Erörtern Sie die Unterschiede.

....

....

....

b) Sollte die Bartel KG mit ihrem ausländischen Kunden eine dokumentäre oder eine nicht dokumentäre Zahlungsform vereinbaren? Begründen Sie Ihre Meinung.

....

....

....

Aufgabe 11:

Ein Kaufvertrag über 30.000,00 € wird mit einem Kunden in Russland abgeschlossen. Die Bartel KG verlangt hier im Kaufvertrag die Errichtung eines Akkreditivs.

a) Wie wird die Zahlung mit einem Akkreditiv grundsätzlich abgewickelt?

....

....

....

b) Welche Vorteile verspricht sich die Bartel KG von dieser Zahlungsart?

....

....

....

2. Übung: „Finanzierung"

Sie finden das Basiswissen zu dieser Übung im Lehrbuch „Finanzwirtschaft", Kapitel 2. Die Lösungen finden Sie auf Seite 51.

Die R. Bäumer Holzverarbeitung GmbH, Herford stellt hochwertige Möbel für den gewerblichen und privaten Bereich her. Die Produkte werden über Handelsvertreter sowie exklusive Möbelausstatter vertrieben. In der kommenden Periode plant das Unternehmen eine Betriebserweiterung in Form eines neuen Fertigungsautomaten für ca. 650 Tsd. € und einer Gebäudeerweiterung für ca. 250 Tsd. €.

Die bereits aufbereitete Bilanz der Firma R. Bäumer Holzverarbeitung GmbH zeigt folgendes Bild :

Aktiva	Bilanz der R. Bäumer GmbH, Herford (alle Werte in Tsd. €)		Passiva
Anlagevermögen		**Eigenkapital**	
Sachanlagen	2.095,0	Gezeichnetes Kapital	1.000,0
Finanzanlagen	81,0	Rücklagen	500,0
Umlaufvermögen		Jahresüberschuss	255,0
Vorräte	1.629,0	**Fremdkapital**	
Forderungen	1.677,5	langfristige Verbindlichkeiten	2.195,0
liquide Mittel u. sonstige Posten	62,5	kurzfristige Verbindlichkeiten	1.595,0
Bilanzsumme	**5.545,0**	**Bilanzsumme**	**5.545,0**

Aufgabe 1:

a) Welche Frage wirft die geplante Investition für das Management der Bäumer GmbH auf? Erläutern Sie anhand dieser Investition und der vorgelegten Bilanz den Zusammenhang zwischen Investition und Finanzierung.

....

....

....

b) Welche finanzwirtschaftlichen Ziele muss die Bäumer GmbH bei dieser Investition unbedingt beachten? Erläutern Sie diese ebenfalls anhand des genannten Beispiels.

....

....

....

Aufgabe 2:

Einige wichtige Finanzierungsregeln beziehen sich auf die Kapitalstruktur. Ermitteln Sie die Kapitalstrukturregeln Eigenkapitalquote, Verschuldungsgrad und Grad der Selbstfinanzierung der Bäumer GmbH und beurteilen Sie diese.

....

....

....

Aufgabe 3:

Ermitteln und beurteilen Sie die drei Anlagendeckungsgrade der R. Bäumer GmbH.

....

....

....

Aufgabe 4:

Wie aus der Bilanz ersichtlich, hatte die Bäumer GmbH im Berichtsjahr einen Gewinn von 255,0 Tsd. €. Das Unternehmen hatte in dieser Periode Zinsen in Höhe von 150 Tsd.€ für aufgenommenes Fremdkapital gezahlt. Der durchschnittliche Fremdkapitalzinssatz betrug 6,5 %.

a) Ermitteln Sie zunächst die Eigenkapitalrentabilität.

....

....

....

b) Ermitteln Sie sodann die Gesamtkapitalrentabilität.

....

....

....

c) Begründen Sie anhand dieser Zahlen die Wirkung des Leverage-Effekts.

....

....

....

d) Beurteilen Sie auf Basis dieser Erkenntnisse die Frage, ob die Bäumer GmbH die Finanzierung der neuen Investition eher durch fremde oder durch eigene Mittel vornehmen sollte.

....

....

....

Aufgabe 5:

Die Zahlungsfähigkeit eines Unternehmens ist neben der Rentabilität überlebenswichtig.

a) Ermitteln Sie die Liquiditätsgrade I bis III für die R. Bäumer GmbH.

....

....

....

b) Stellen Sie fest, ab welchem Liquiditätsgrad die Zahlungsfähigkeit der Bäumer GmbH gewährleistet wird.

....

....

....

c) Welche Bedenken sind gegen eine ausschließlich auf Liquiditätskennziffern basierende Beurteilung der Zahlungsfähigkeit anzuführen? Begründen Sie ihre Bedenken anhand geeigneter Mutmaßungen über die finanzielle Lage der Bäumer GmbH.

....

....

....

d) Ab welcher Liquiditätssituation würde sich Ihrer Meinung nach eine Unterliquidität ergeben.

....

....

....

Aufgabe 6:

Die geplante Betriebserweiterung durch Anlagenkauf und Gebäudeerweiterung wird einen Finanzbedarf von 900 Tsd. € auslösen. Die R. Bäumer GmbH steht damit vor Entscheidungen darüber, aus welchen Quellen die Mittel für diese Investition kommen sollen.

a) Geben Sie zunächst unsortiert sechs Beispiele für eine mögliche Finanzierung dieser Investitionssumme.

....

....

....

b) Unterschieden Sie die von Ihnen genannten Finanzierungsquellen zunächst tabellarisch in Eigen- und Fremdfinanzierung.

....

....

....

c) Stellen Sie sodann Überlegungen an, welche Vorzüge die beiden unterschiedlichen Finanzierungsquellen aufweisen.

....

....

....

Aufgabe 7:

Sie prüfen im Rahmen der Finanzierungsüberlegungen auch die Möglichkeit einer Einlagenfinanzierung.

a) Welche Aspekte müssen angesichts der vorliegenden Gesellschaftsform grundsätzlich bedacht werden?

....

....

....

b) Welche rechtlichen Voraussetzungen müssen erfüllt sein, damit eine Finanzierung aus Einlagen möglich wird?

....

....

....

Aufgabe 8:

Der technische Leiter schlägt vor, die Finanzierung vollständig aus Gewinnen bzw. laufenden Erträgen zu machen. Schließlich sei man guten Mutes, dass die Investition ein voller Erfolg wäre. Nehmen Sie zu dieser Argumentation Stellung.

....

....

....

Aufgabe 9:

Die R. Bäumer GmbH weist im Anlagevermögen ein Grundstück mit einer Größe von 3.000 m² aus, das im Jahre 1965 zum Preis von umgerechnet 25,00 €/m² gekauft wurde. Die Grundstückspreise im Gewerbegebiet, in dem die Betriebsgebäude der R. Bäumer GmbH liegen, betragen aktuell ca. 210 €/m². Für die Gebäudeerweiterung werden vom Grundstück nur 1.000 m² benötigt, der Rest könnte abgeteilt und der benachbarten Firma M. Schwarze KG angeboten werden.

a) Ermitteln Sie auf Basis der genannten Zahlen die möglichen finanziellen Mittel, die aus einer solchen Transaktion für die Finanzierung der Betriebserweiterung bereitgestellt werden könnten.

....

....

....

b) Erkundigen Sie sich im Internet unter dem Stichwort „Reinvestitionsrücklage" über die Chancen, die Besteuerung für solchermaßen frei werdende Gewinne zu umgehen.

....

....

....

c) Beurteilen Sie unter Würdigung aller Aspekte diese Art der Finanzierung der Betriebserweiterung.

....

....

....

Aufgabe 10:

Im Rahmen der Investition schafft die R. Bäumer GmbH u.a. einen Exhauster, eine Absauganlage für Späne und Holzstaub an. Es liegen dazu folgende Informationen vor (alle Angaben ohne die gesetzliche USt):

- Preisliste des Herstellers: Der Listenpreis der Maschine beträgt 28.000,00 € .
- Lieferungs- und Zahlungsbedingungen des Herstellers: Lieferung ab Werk, bei gewünschter Anlieferung entstehen Transportkosten in Höhe von 2.500,00 €. Rabatt 15 %, Skonto 2 % bei Zahlung innerhalb von 10 Tagen, netto Kasse 30 Tage (Rabatt und Skonto werden nur auf den Warenwert gewährt).
- Kostenvoranschlag eines Bauunternehmens für baulicherseits auszuführende Arbeiten (Mauerdurchbruch etc.): 1.350,00 €.
- Montagekosten durch eine Spezialfirma: Kostenvoranschlag über 3.570,00 € ohne USt.
- Schulung eines Mitarbeiters zum Betrieb der Anlage: 300,00 €.
- Geschätzte Energiekosten pro Jahr für die Anlage: 30.000 kw-Stunden bei einem kw-Preis von 0,15 €.
- Geschätzte Wartungskosten pro Jahr: 900,00 €
- Spezialhalterungen für das Rohrsystem der Absauganlage: 1.500,00 €.

Ermitteln Sie nachvollziehbar den Anlagekapitalbedarf für die im Rahmen des Gesamtinvestments anzuschaffende Absauganlage. Entscheiden Sie in dem Zusammenhang auch darüber, welche Aufwendungen tatsächlich aktivierbar sind und welche nicht in die Anschaffungskosten hineingerechnet werden dürfen.

....

....

....

Aufgabe 11:

In dem neuen Betriebsteil sollen exklusive Küchenmöbel hergestellt werden. Für die Produktion dieser Möbel stellen Absatz- und Produktionsplanung folgende Zahlen zur Verfügung:

Es sollen im ersten Jahr täglich durchschnittlich 5.000,00 € Umsatz erzielt werden. Der Materialeinsatz daran beträgt 40 %, der Lohnanteil 30 %. Die ausgabewirksamen Gemeinkosten betragen pro Tag insgesamt ca. 650,00 € und setzten sich wie folgt zusammen:

Materialgemeinkosten:	80,00 €
Fertigungsgemeinkosten:	230,00€
Fertigwarenlagerkosten:	100,00 €
Vertriebsgemeinkosten:	150,00 €
Verwaltungsgemeinkosten	90,00 €

Die Ø Lagerdauer der Materialien beträgt 30 Tage. Die Ø Zahlungsfrist der Lieferanten wird mit 15 Tagen angenommen. Die Produktionsdauer beträgt 10 Tage, die anschließende Lagerdauer der Fertigerzeugnisse 10 Tage. Das Kundenziel bei teilweisem Skonto beträgt 15 Tage.

a) Ordnen Sie diese Zahlen nach Art und Kapitalbindungsdauer. Verwenden Sie dazu die folgende Tabelle.

30 Tage	10 Tage	10 Tage	15 Tage
15 Tage			

b) Ermitteln Sie aus den berechneten Werten den Kapitalbedarf des Umlaufvermögens für die Betriebserweiterung. Verwenden Sie dazu die folgende Tabelle.

Werte in EUR	**berechneter durchschnittlicher täglicher Einsatz**	**Kapitalbindungsdauer in Tagen**	**Kapitalbedarf**

3. Übung: „Finanzplanung (Cash Management)"

Sie finden das Basiswissen zu dieser Übung im Lehrbuch „Finanzwirtschaft", Kapitel 3. Die Lösungen finden Sie auf Seite 56.

Die Trans Tech AG ist ein mittelständisches Unternehmen, das Abfüll- und Transportsysteme für den Anlagenbau herstellt. Der Umsatz betrug im letzten Jahr 300 Mio. €. Die Trans Tech AG beschäftigt in zwei Produktionsstätten in Osnabrück und Stettin (Polen) insgesamt 600 Mitarbeiter. Etwa die Hälfte der Materialaufwendungen bestehen aus Zulieferteilen und halbfertigen Systemen.

Aufgrund des in den vergangenen Jahren insbesondere durch das mit den Arabischen Emiraten rasch gewachsenen Geschäfts ist es in den vergangenen Monaten gelegentlich zu finanziellen Engpässen gekommen, die jedoch offensichtlich nicht auf fehlende Liquidiät, sondern auf Planungsfehler und mangelhaftes Finanzmanagement hindeuteten.

Die Geschäftsleitung hat deshalb entschieden, ein fundiertes Planungsinsturmentarium für den Finanzbereich einzuführen.

Aufgabe 1:

Sie sind als bisheriger Sachbearbeiter in der Finanzbuchhaltung mit einer Weiterbildung in Finanzwirtschaft ausgestattet worden und sind zukünftig damit betraut, die Finanzdisposition des Unternehmens zu verbessern. Als erste Maßnahme wollen sie - zwar so genau wie möglich - aber doch möglichst schnell einen Finanzplan aufstellen.

a) Auf welche betrieblichen Teilpläne, die mit relativ großer Sicherheit im Unternehmen bereits existieren, können Sie zurückgreifen, und welche Erkenntnisse können Sie daraus für die Finanzplanung gewinnen?

....

....

....

b) Erläutern Sie fünf wichtige Gesichtspunkte bzw. Grundsätze, die Sie bei der Sichtung dieser Teilpläne und bei der Aufstellung eines Finanzplanes berücksichtigen müssen.

....

....

....

Aufgabe 2:

In den letzten Tagen des März stellen Sie ihren ersten Finanzplan für den Monat April auf. Dazu liegen Ihnen die folgenden Informationen vor:

Die Summe der liquiden Mittel (Kasse, Bankguthaben) wird am 01.04. 1.500 Tsd. € betragen. An Einzahlungen aus Umsatzerlösen brutto kann mit 15.600 Tsd. € gerechnet werden. Die Mietverträge weisen eine eingehende Monatsmiete für vermietete Werkswohnungen in Höhe von 14 Tsd. € aus. Für eine gemietete Lagerhalle fallen dagegen 23 Tsd. € an. Die Produktionsabteilung meldet für den Monat April geplante Verkäufe von Anlagen in Höhe von 300 Tsd. €, dafür ist mit Neuinvestitionen in Höhe von 3.670 Tsd. € zu rechnen. Die Buchhaltung avisiert für April Zinserträge und Dividenden in Höhe von 87 Tsd. €, dafür aus laufenden Kreditverträgen zu zahlende Fremdkapitalzinsen von 335 Tsd. € und Tilgungsverpflichtungen von 160 Tsd. € . Die Materialwirtschaft meldet für April voraussichtliche Zahlungen für Materialeinkäufe von 9.860 Tsd. €, die Personalabteilung wird an Löhnen und Gehältern 1.520 Tsd. € zur Auszahlung anweisen, darauf entfallen Arbeitgeberanteile in Höhe von 20 %. Das Finanzamt wird im April an Umsatzsteuer und anderen Steuern vorrausichtlich 2.480 Tsd. € erhalten. An sonstigen Einnahmen rechnet die Finanzbuchhaltung monatlich mit ca. 95 Tsd. €, an sonstigen Ausgaben mit ca. 140 Tsd. €.

a) Stellen Sie in geordneter, übersichtlicher Darstellung einen Finanzplan für den Monat April auf.

....

....

....

b) Ermitteln Sie die Über- oder Unterdeckung.

....

....

....

Aufgabe 3:

a) Analysieren Sie das Ergebnis von Aufgabe 2 b.

....

....

....

b) Erläutern Sie aus dem Ihnen inzwischen bekannten Szenario über die Trans Tech AG mögliche Maßnahmen, um die entstandene - vorhersehbare - Unterdeckung auszugleichen.

....

....

....

Aufgabe 4:

Um die Finanzplanung noch weiter zu verfeinern, erstellen Sie eine Liquiditätsplanung. In diesem Zusammenhang stoßen Sie auf die Frage der terminlichen Zuordnung der Ihnen vom Verkauf mitgeteilten Umsatzerlöse. So meldet Ihnen die Verkaufsabteilung am 20.4., einem Montag, fakturierte Forderungen an Kunden in Höhe von 1.260 Tsd. €. Davon entfallen auf Auslandsgeschäfte 740 Tsd. €.

Von den inländischen Kunden zahlen 90 % innerhalb der gesetzten Skontofrist von 10 Tagen unter Abzug von 3 %. Weitere 8 % innerhalb der Zielfrist (30 Tage). Der Rest zahlt in der Regel nach der ersten Mahnung, die noch einmal 15 Tage nach der Zielfrist Zeit lässt. Die ausländischen Kunden zahlen auf der Basis eines Akkreditivs. Die Abwicklung solcher Geschäfte ist in der Regel 20 Tage nach Rechnungsstellung abgeschlossen und die Akkreditivstelle hat nach Prüfung der Dokumente und der Rechnung die Zahlung auf das Konto der Trans Tech AG transferiert.

a) Ermitteln Sie die Zahlungseingänge aus den einzelnen Umsatzbestandteilen.

....

....

....

b) An welchen Tagen können Sie mit welchen Geldeingängen rechnen?

....

....

....

Aufgabe 5:

Sie konnten auf Basis der Ihnen online gemeldeten Kontenstände sowie der per System aus dem Kreditoren- und Debitorenbereich abgerufenen Daten die folgenden Informationen für den Liquiditätsstatus für den 1.8. ermitteln.

Liquiditätsstatus; Tag: 1.8. (in Tsd €)	Anfangsbestand	zugesagter Kredit	Zahlungsfähigkeit
Kasse	6	0	
Konto Hessische Landesbank	167	500	
Konto Postbank	89	0	
Konto Jesse & Co.	128	600	
Konto Sparkasse	- 137	400	
Termingeldkonto	600	0	
Schecks	28	0	
Besitzwechsel	453	0	
voraussichtlich eingehende Forderungen	1.467		1.467
Summe verfügbare Mittel			
Zahlung von fälligen Eingangsrechnungen			2.987
Zahlungen an Mitarbeiter			36
heute fällige Daueraufträge			624
heute fällige Lastschriften			340
Barauszahlungen (geschätzt)			12
sonstige Auszahlungen			167
Summe der Auszahlungen			
Liquiditätsstatus (+) = Überschuss (-) = Fehlbetrag			

a) Vervollständigen Sie den Liquiditätsstatus und ermitteln Sie den möglichen Überschuss/Fehlbetrag.

....

....

....

b) Beurteilen Sie die Liquiditätssituation.

....

....

....

c) Welche Risiken könnten in diesem Status enthalten sein?

....

....

....

Aufgabe 6:

Um die Kapitaldienstgrenzen des folgenden Monats zu ermitteln, wollen Sie einen Cash flow Status aufstellen. Dazu liefern Ihnen Vertrieb, Produktion und Controlling folgende Informationen:

Die Nettoumsatzerlöse wurden mit 20.100 Tsd. € geplant. Der Materialaufwand daran beträgt voraussichtlich 11.450 Tsd. €, der Personalplan sieht Personalkosten von 2.140 Tsd. € vor. Die sonstigen betrieblichen Erträge werden voraussichtlich 245 Tsd. € , die sonstigen betrieblichen Aufwendungen (ohne Abschreibungen und Zinsen) 1.643 Tsd. €. An sonstigen Einnahmen wird mit 354 Tsd. € zu rechnen sein, die Steuerzahlungen werden 845 Tsd. €, die Sonderausgaben werden 740 Tsd. € betragen. Der Eigenmitteleinsatz bei laufenden Investitionen wird 1.400 Tsd. € betragen. Sonstige Ausgaben werden mit 650 Tsd. € angenommen.

a) Stellen Sie den Cash flow Status für den folgenden Monat auf und ermitteln Sie die Kapitaldienstgrenze.

b) Welche Informationen gibt Ihnen der ermittelte Wert?

Aufgabe 7:

Bekanntlich ist es immer besser mehr Geld im Geldbeutel zu haben, als an Ausgaben ansteht. Problematisch wird es auch für ein Unternehmen, wenn eine Unterliquidität vorliegt. Sie machen sich präventiv Gedanken darüber, welche kurzfristigen Maßnahmen Sie als verantwortlicher Mitarbeiter für die Finanzdisposition der Trans Tech AG ergreifen können, wenn eine solche Situation eintritt.

- Stellen Sie je vier Maßnahmen dar, die Sie im Einnahmenbereich und im Ausgabenbereich ergreifen können, um einen drohenden Liquiditätsengpass abzuwenden.

Aufgabe 8:

Die Trans Tech AG ist die Muttergesellschaft eines kleinen Konzerns, bestehend aus zwei Produktionsgesellschaften, einer Vertriebs- und einer Dienstleistungsgesellschaft. Der Einfachheit halber werden die vier Unternehmensteile hier mit U1 (Muttergesellschaft) bis U 4 gekennzeichnet. Die Konzernbuchhaltung hat für die 33. Kalenderwoche die Verbindlichkeiten und Forderungen der einzelnen Konzernteile untereinander gegenübergestellt. Es ergibt sich sich folgendes Bild.

Netting-Tabelle		**Verbindlichkeiten von**				**Summe Forderungen**	**Summe Verbindlichk.**	**Salden**
		U1	U2	U3	U4			
Forderungen von	U1	-	690	480	1.360			
	U2	240	-	125	340			
	U3	90	320	-	210			
	U4	310	90	590	-			

a) Saldieren Sie in der obigen Tabell die gegenseitigen Forderungen und Verbindlichkeiten.

b) Welche Erkenntnisse ziehen Sie aus dem Ergebnis?

....

....

....

Aufgabe 9:

Um den möglichst schnellen Eingang der Forderungen im Rahmen des Cash Managements zu gewährleisten, wollen Sie in einem Memo an alle beteiligten Abteilungen auf die kaufmännischen Möglichkeiten hinweisen, deren konsequente Nutzung helfen soll, Liquiditätsengpässe durch schleppenden Forderungseingang zu vermeiden.

- Nennen Sie vier Maßnahmen.

....

....

....

Aufgabe 10:

Die Trans Tech AG, Wittekindstr. 4, 32052 Herford, hat am 8. Juni 2007 an die Meller Mühle GmbH, Industriestr. 6, 49328 Melle, Maschinenteile im Wert von 56.000,00 € einschließlich USt. geliefert und mit Rechnung vom 10. 06. unter der Rechnungs Nr. AR 07-3467 berechnet. Die Zahlungsbedingungen der Trans Tech AG lauten:

„Zahlbar innerhalb von 10 Tagen unter Abzug von 3 % Skonto, innerhalb von 30 Tagen netto ohne jeden Abzug.“

Am 12. Juli ist noch keine Zahlung von der Meller Mühle GmbH eingegangen.

a) Wann ist die Zahlung der Meller Mühle GmbH fällig?

....

....

....

b) Ist die Meller Mühle GmbH bereits in Zahlungsverzug?

....

....

....

c) Fertigen Sie eine unterschriftsreife „Zahlungserinnerung“ an.

....

....

....

d) Welche rechtliche Bedeutung hat die Zahlungserinnerung mit Terminsetzung?

....

....

....

e) Die Meller Mühle GmbH zahlt auch nach der 1. und 2. Mahnung (letzte Mahnung!) nicht. Was kann das Forderungsmanagement der Trans Tech AG nun unternehmen?

....

....

....

Aufgabe 11:

Unterstellt, die Forderung aus Aufgabe 10 gegen die Meller Mühle GmbH ist aus unbestimmten Gründen nicht mehr näher verfolgt worden.

a) Ab wann beginnt in diesem Fall dann die Verjährungsfrist zu laufen?

....

....

....

b) Ab welchem Termin könnte die Meller Mühle GmbH dann bei einer gerichtlichen Auseinandersetzung die Einrede der Verjährung geltend machen?

....

....

....

c) Bis zu welchem Termin müsste eine Unterbrechung der Verjährung spätestens erfolgen und wie könnte das geschehen?

....

....

....

d) Durch welche Maßnahme könnte eine Hemmung der Verjährung bewirkt werden?

....

....

....

Aufgabe 12:

Die Bäckerei & Conditorei Corn möchte die Herstellung ihrer berühmten Sahnetörtchen steigern und möchte hierfür in neue Öfen investieren. Hierfür wurde ein Angebot zu zwei Spezialöfen eingeholt:

Der eine Ofen Typ Amaro 1 kann zu einem Preis von 150.000,00 € erworben, der Alternativofen Typ Gusto 1 kann zu einem Preis von 200.000,00 € erworben werden. Beide Öfen haben eine Nutzungsdauer von 5 Jahren. Bei beiden Geräten gibt es keinen Restwert. Der Zinssatz beträgt 5%.

Für die Kalkulation stehen dem Bäcker- und Konditormeister folgende Informationen zur Verfügung:

Die Raumkosten für den Ofen Typ Amaro 1 kalkuliert man mit 800,00 € im Jahr. Bei Ofen Typ Gusto 1 kalkuliert man mit 1.000,00 € im Jahr. Jährliche Reparaturkosten setzt man bei Ofen Amaro 1 mit 1.000,00 € an, bei Ofen Gusto 1 sind es 750,00 €. Die festen Energiekosten bezüglich Ofen Amaro 1 werden sich auf 1.000,00 € im Jahr belaufen, bei Ofen Gusto 1 werden es 900,00 € im Jahr sein. Weitere Kosten für die Herstellung eines Sahnetörtchens belaufen sich bei Ofen Amaro auf 0,80 € und bei Ofen Gusto auf 0,60 €.

Mit Ofen Amaro können 90.000 Sahnetörtchen zu 1,80 €/Stück verkauft werden.

Mit Ofen Gusto können 90.000 Sahnetörtchen zu 2,10 €/Stück verkauft werden.

- Welches Gerät ist vorteilhafter, wenn die statische Gewinnvergleichsrechnung angewandt wird? Für die Bearbeitung können Sie die unten aufgeführte Tabelle nutzen.

Werte in €	Ofen Amaro	Ofen Gusto
Anschaffungskosten		
Nutzungsdauer(Jahre)		
Ø Kapitaleinsatz		
Zinssatz p. a.		
Erlöse pro Stück		
Produktionsmenge/Jahr		
Kosten		
Abschreibung / Jahr		
Zinsen/Jahr		
Raumkosten / Jahr		
Reparatur / Jahr		
Energiekosten fest / Jahr		
Weitere Kosten für die Herstellung pro Stück		
Kosten gesamt		
Erlöse Gesamt		
Gewinn		

4. Übung: „Kapitalbeschaffung und Kredite"

Sie finden das Basiswissen zu dieser Übung im Lehrbuch „Finanzwirtschaft", Kapitel 5. Die Lösungen finden Sie auf Seite 63.

Die Silberbach Bauträger GmbH & Co. KG ist ein Unternehmen der Baubranche im Rhein-Main Gebiet. Das Unternehmen konzipiert und baut Wohn- und Geschäftshäuser sowie andere gewerbliche Bauten vorwiegend aus im Werk vorgefertigten Betonteilen. Aufgrund des Konzeptes, die Bauphase vom Konzept bis zur Übergabe durch vorgefertigte Teile im Baukastensystem bei hohem Servicegrad und ausgezeichneter Qualität drastisch zu reduzieren, hat das Unternehmen in den vergangenen Jahren ein stürmisches Wachstum verzeichnet. Bedingt durch das Wachstum und eigene Bauträgerprojekte ist der Bedarf an Kreditmitteln drastisch gestiegen. Es sollen im Unternehmen alle möglichen Kreditbeschaffungsmöglichkeiten geprüft werden. Sie sollen vor diesem Hintergrund zu einigen ausgewählten Fragen Stellung nehmen.

Aufgabe 1:

Die Silberbach GmbH & Co. KG bezieht in großem Umfang Materialien zur Verarbeitung auf ihren Baustellen. Die Zahlungsbedingungen vieler Lieferanten bieten die Möglichkeit, bei vorzeitiger Zahlung Skonto in Anspruch zu nehmen. Andere wieder bieten übliche Zahlungsziele mit 30 bis maximal 60 Tagen Ziel. Dazu stellen sich folgende Fragen.

Bearbeiten Sie die Aufgaben 1a - 1g an folgendem Beispiel:
Rechnungsbetrag 200.000,00 €, zahlbar innerhalb von 30 Tagen ohne Abzug, innerhalb von 14 Tagen unter Abzug von 3 %. Die kurzfristige Inanspruchnahme eines Dispositionskredites auf dem Bankkonto würde mit 8 % verzinst.

a) Wie viel Euro beträgt der Skontoertrag?

....

....

....

b) Berechnen Sie den erforderlichen Kreditbetrag.

....

....

....

c) Für welchen Zeitraum muss der Kredit aufgenommen werden?

....

....

....

d) Wie viel Euro betragen die Kreditkosten für den Kredit?

....

....

....

e) Wie viel Euro beträgt die Ersparnis?

....

....

....

f) Nach dem Kaufvertragsrecht kann der Verkäufer einer Ware sofortige Zahlung verlangen. Wenn von diesem Lieferanten also eine Zahlungsfrist von 30 Tagen ohne Skontogewährung eingeräumt würde: Welchen Zinsvorteil in Euro verschaffte der Lieferant der Silberbach GmbH & Co. KG, wenn ebenfalls 8 % für einen Dispositionskredit angenommen werden?

....

....

....

g) Der Bestand an Verbindlichkeiten ohne Skontofrist beträgt bei der Silberbach GmbH & Co. KG durchschnittlich 2,6 Mio. €. Welcher Zinsvorteil wird aus diesen Lieferantenverbindlichkeiten gezogen, die zinslos gewährt werden, wenn alternativ ein langfristiges Darlehen zu 6 % Zinsen p.a. für ein Jahr in gleicher Höhe aufgenommen werden müsste?

....

....

....

Aufgabe 2:

Die Silberbach GmbH & Co. KG hat als Kontokorrentkredite bei der Unionsbank AG eine zugesagte Kreditlinie in Höhe von 2,0 Mio. €, bei der Sparkasse vor Ort eine weitere Kreditlinie in Höhe von 1,2 Mio. € zugesagt bekommen.

a) Welche Vorteile bieten diese Kredite der Silberbach GmbH & Co. KG?

....

....

....

b) Mit welchen Kosten muss die Silberbach GmbH & Co. KG für diese Kreditlinien rechnen?

....

....

....

c) Über die Kosten hinaus: Welche weiteren Nachteile bietet ein solcher Kredit?

....

....

....

Aufgabe 3:

Zur Finanzierung eines Gebäudekomplexes mit Geschäften, Büros und Wohnungen, den die Silberbach GmbH & Co. KG in eigener Regie bauen und durch eine Tochtergesellschaft bewirtschaften will, wird ein Darlehen in Höhe von 8 Mio. € aufgenommen. Die Zinsen sollen 6,5 % fest über die gesamte Laufzeit von 10 Jahren betragen.

Es stehen drei Finanzierungsmodelle zur Auswahl:

Modell 1: Festbetragsdarlehen	Modell 2: Ratendarlehen	Modell 3: Annuitätendarlehen
	10 % Tilgung p.a.	Annuitätenfaktor: 0,13910469

a) Welche Voraussetzungen muss die Silberbach GmbH & Co. KG erfüllen, damit ihr die Bank ein solches Darlehen zu einem günstigen Zinssatz einräumt.

....

....

....

b) Berechnen Sie für alle drei Modelle den Schuldsaldoverlauf, die Zinsen und die Tilgung. Ideal wäre es, wenn Sie dafür aus Arbeitserleichterung eine EXCEL-Tabelle einsetzen können.

....

....

....

c) Kommentieren Sie die Ergebnisse.

d) Welche Form des Darlehens empfehlen Sie der Silberbach GmbH & Co. KG?

Aufgabe 4:

Bei jedem Bauprojekt ist die Silberbach GmbH & Co. KG verpflichtet, dem Auftraggeber auf Basis der gesetzlich verlangten Gewährleistung eine Garantieleistung zu stellen.

a) Mit welchem Instrument kann diese Garantieleistung erbracht werden? Erläutern Sie diese in den wesentlichen Punkten.

b) Beschreiben Sie kurz den Ablauf dieses Instrumentes aus Sicht der Silberbach GmbH & Co. KG.

Aufgabe 5:

Kreditverträge schließt die Silberbach GmbH & Co. KG sowohl mit gewerblichen Kunden, mit der Bank als auch mit privaten Kunden ab.

a) Klären Sie in Stichworten die rechtlichen Grundlagen des Darlehens und des Kreditvertrages.

b) Worauf muss die Silberbach GmbH & Co. KG unbedingt achten, wenn sie einen Kreditvertrag mit einem Nichtkaufmann abschließt?

....

....

....

c) Nennen Sie sechs Bestandteile, die auch bei einem Kreditvertrag mit einem gewerblichen Kreditnehmer unverzichtbar sind.

....

....

....

Aufgabe 6:

Mit nahezu jedem neuen Projekt hat die Silberbach GmbH & Co. KG es auch mit einem neuen Kunden und damit mit einem künftigen Schuldner zu tun. Aus diesem Grunde kommt der Kreditwürdigkeitsprüfung im Unternehmen eine besondere Bedeutung zu.

a) Wenn ein neuer Auftraggeber um eine erste Projektierung bittet: Welche Informationsquellen kann das Unternehmen zunächst nutzen, um sich einen groben Überblick über die Situation des potentiellen neuen Kunden zu verschaffen?

....

....

....

b) Mit welchen Informationen kann die Silberbach GmbH & Co. KG rechnen, wenn sie eine SCHUFA-Auskunft über einen neuen Kunden einholt?

....

....

....

c) Warum ist die SCHUFA - Auskunft bei gewerblichen Kunden eher unbefriedigend?

....

....

....

d) Sie sind Sachbearbeiter im Verkauf der Silberbach GmbH & Co. KG. Ein Investor, der einen Auftrag mit einem Volumen von ca. 10 Mio. € Investitionssumme avisiert, soll überprüft werden. Welche Informationen müssen Sie mindestens von der mit Ihnen kooperierenden Auskunftei abfordern, um die Situation des neuen, Ihnen zunächst völlig unbekannten Kunden einschätzen zu könne?

....

....

....

Aufgabe 7:

Die Silberbach GmbH & Co. KG ist, wie unschwer zu erkennen ist, eine KG mit letztlich beschränkter Haftung des Komplementärs. Aus diesem Grund ist die Fremdfinanzierung des Unternehmens eingeschränkt und von der Eigenkapitaldecke abhängig. Das Unternehmen will expandieren, Herr Silberbach ist jedoch nicht gewillt, das Eigenkapital des Unternehmens aufzustocken. Die Bank verlangt zur Absicherung eines neuen langfristigen Darlehens über 2,5 Mio. € eine Bürgschaft. Frau Silberbach, die ein beträchtliches Vermögen bei Gütertrennung mit in die Ehe gebracht hat, wäre zur Abgabe einer solchen Bürgschaft bereit.

a) Welche Punkte muss die Bürgschaftserklärung enthalten?

....

....

....

b) Formulieren Sie die unterschriftsreife Bürgschaftserklärung.

....

....

....

c) Kann Frau Silberbach die Erklärung auch mündlich abgeben? Begründen Sie Ihre Antwort.

....

....

....

d) Welche Art der Bürgschaft wird die Bank auf jeden Fall bevorzugen? Begründen Sie Ihre Antwort.

....

....

....

e) Wie lautet die entsprechende Formulierung im Bürgschaftsvertrag?

....

....

....

Aufgabe 8:

Nachdem eine aufgeweckte Freundin Frau Silberbach über die Konsequenzen einer selbstschuldnerischen Bürgschaft aufgeklärt hat, unterschreibt sie diese nicht. Die Silberbach GmbH & Co. KG sucht nach neuen Sicherungsmöglichkeiten für das Bankdarlehen von 2,5 Mio. €. Von dieser Summe entfallen 1,5 Mio. € auf neue Baumaschinen (Kräne, Bagger etc.). Die Unionsbank AG verlangt eine Sicherungsübereignung dieser Wirtschaftsgüter.

a) Beschreiben Sie in Stichpunkten, worum es sich bei der Sicherungsübereignung handelt.

....

....

....

b) Welche Schritte muss die Silberbach GmbH & Co. KG zur Durchführung der Sicherungsübereignung unternehmen?

....

....

....

c) Welche Vorzüge bietet dieses Instrument für die Silberbach GmbH & Co. KG?

....

....

....

d) Die Bank greift das Angebot einer Sicherungsübereignung gerne auf. Warum?

....

....

....

Aufgabe 9:

Der Gebäudekomplex aus Aufgabe 3 für 8 Mio. € wird zu 80 % durch ein Darlehen der Unionsbank AG finanziert. Eigentümerin soll die Silberbach Verwaltungsgesellschaft mbH werden. Die Bank verlangt für dieses Darlehen eine erstklassige Sicherheit.

a) Welche Sicherheiten kann die Silberbach Verwaltungsgesellschaft mbH als zukünftige Eigentümerin grundsätzlich anbieten?

....

....

....

b) Beschreiben Sie die grundsätzliche Wirkungsweise eines Grundpfandrechtes.

....

....

....

c) Die Unionsbank AG ist die Hausbank der Silberbach Verwaltungsgesellschaft mbH. Die Bank wird als Grundpfandrecht eine Grundschuld verlangen. Warum?

....

....

....

d) Unterscheiden Sie die Buch- und Briefgrundschuld. Welche Form ist für die Silberbach Verwaltungsgesellschaft mbH günstiger? Begründen Sie Ihre Meinung?

....

....

....

e) Die Silberbach Verwaltungsgesellschaft mbH ist Eigentümerin des Gebäudes. Wie kann die Unionsbank im Insolvenzfall des Unternehmens ihre Forderung aus der Grundschuld befriedigen?

....

....

....

5. Übung: „Leasing und Factoring"

Sie finden das Basiswissen zu dieser Übung im Lehrbuch „Finanzwirtschaft", Kapitel 5. Die Lösungen finden Sie auf Seite 68.

Die Ritter GmbH ist ein Hersteller von Verpackungsmaschinen mit einem Jahresumsatz von ca. 30 Mio. €. Etwa ein Drittel des Umsatzes wird in Deutschland, ein weiteres Drittel in der EU und das letzte Drittel in Übersee getätigt. Die Ritter GmbH hat in den vergangenen Jahren massiv unter dem Wettbewerbsdruck mit den Billiglohnländern leiden müssen. Mehrere Verlustjahre haben die Eigenkapitaldecke verringert und im Unternehmen denkt man über neue Formen der Finanzierung nach, weil der Verschuldungsgrad inzwischen fast 80 % erreicht hat. Gleichwohl muss die Ritter GmbH dringend investieren. Zur Debatte steht ein Investitionsvolumen von 1 Mio. € in verschiedenen Bereichen.

Aufgabe 1:

Die letzte Bilanz der Ritter GmbH hat folgendes Bild:

Bilanz der Ritter GmbH (Werte in Tsd. €)			
Anlagevermögen		Eigenkapital	
Sachanlagen		Gezeichnetes Kapital	1.600
Firmengebäude	1.000	Rücklagen	200
techn. Anlagen, Maschinen, BGA	2.300	Fremdkapital	
Beteiligungen	760	langfristiges FK	4.000
Umlaufvermögen		kurzfristiges FK	2.100
Vorräte	1.040		
Forderungen	2.560		
liquide Mittel	240		
Bilanzsumme	7.900	Bilanzsumme	7.900

- Erläutern Sie anhand dieser Bilanz, welche Auswirkungen die Finanzierungsinstrumente Leasing, Factoring und Forfaitierung für die Bilanz der Ritter GmbH haben können. Zeigen Sie dies an konkreten Beispielen auf; insbesondere anhand des Firmengebäudes und der Forderungen.

....

....

....

Aufgabe 2:

Die Ritter GmbH will u. a einen neuen PKW für einen Außendienstmitarbeiter anschaffen. Die Anschaffungskosten betragen 30.000,00 € ohne USt. Es liegen folgende Angebote vor:

Kreditangebot der Sparkasse Westendorf:	**Leasingangebot des Händlers Hoppe:**
Anzahlung: 20 %	Full-Service Leasing
Darlehen: 80 % des Fahrzeugpreises ohne USt.	Vertragszeit: 36 Monate
Laufzeit: 36 Monate; Auszahlung 100 %	Jährliche Fahrleistung: 50.000 km
Zinsen: 8 % auf den jeweiligen Restschuldsaldo.	Monatliche Leasingrate: 3,0 %
Tilgung: Am Ende der ersten beiden Jahre jeweils 20 % (vom jeweiligen Restbetrag)	Restwert nach 36 Monaten: 4.500,00 €
Rest am Ende der Laufzeit.	

Der Restwert des Fahrzeugs wird nach 36 Monaten auf 4.500,00 € geschätzt.

a) Wie viel Euro betragen die Leasingausgaben insgesamt und durchschnittlich pro Jahr?

....

....

....

b) Wie hoch ist der Zinsaufwand in den ersten 36 Monaten für das Fahrzeug?

....

....

....

c) Berechnen Sie für die Ritter GmbH die Gesamtkosten, die im Falle eines Kreditkaufs anfallen würden. Berücksichtigen Sie dazu neben den Kreditkosten aus Aufgabe 3b zusätzlich noch den Wertverlust (Abschreibungen) des Fahrzeugs sowie die Verzinsung des eingesetzten Eigenkapitals mit 6 % für drei Jahre sowie die Tatsache, dass der Restwert nach Ablauf der Laufzeit bei der Ritter GmbH verbleibt.

....

....

....

d) Bewerten Sie das Ergebnis.

....

....

....

e) Welche Gründe könnten die Ritter GmbH dazu bewegen, die teurere Alternative zu wählen?

....

....

....

Aufgabe 3:

Wenn die Verantwortlichen bei der Ritter GmbH ihr Augenmerk auf die Forderungen richten, dann drängt sich die Frage nach dem Factoring auf.

a) Welche Voraussetzungen müssen erfüllt sein, um die Forderungen zu verkaufen?

....

....

....

b) Welche Wirkung würde bilanztechnisch eintreten, wenn es dem Unternehmen gelänge, ab sofort 50 % der Forderungen bei einer Factoring-Bank unterzubringen?

....

....

....

c) Welche Aufgaben könnte der Factor neben der reinen Finanzierungsfunktion noch für die Ritter GmbH übernehmen?

....

....

....

Aufgabe 4:

Jahresumsatz der Ritter GmbH: 30 Mio. €.
Folgendes Angebot der Verpackungsmaschinen-Factoring AG liegt vor:

- Refinanzierung der Hälfte des Jahresumsatzes
- Factoringgebühr einschließlich Delkrederefunktion: 1,8 % auf den betreffenden Umsatz
- 8 % Sollzinsen auf die in Anspruch genommenen Gelder
- 1,2 Mio. € ankaufbare Forderungen; davon 15% zinslos auf einem Sperrkonto festgehalten
- Weitere Gebühren: 12.000,00 €

Durch die frei werdende Liquidität könnte die Ritter GmbH Verbindlichkeiten aus Warenlieferungen mit ca. 2 % skontieren. Der entsprechende Wareneinsatz beträgt pro Jahr 10 Mio. €. Weitere Einkaufsvorteile entstehen von 42.000,00 €. Durch den Verkauf der Forderungen werden in der Buchhaltung und im Mahnwesen Kosten von 83.200,00 € eingespart.
Die Forderungsausfälle in den vergangenen Jahren betrugen durchschnittlich 60.000,00 €.

a) Erstellen Sie eine Kosten-Nutzen-Analyse.

....

....

....

b) Interpretieren Sie das Ergebnis. Berücksichtigen Sie dabei auch andere Aspekte als die reine Kostenseite.

....

....

....

6. Übung: „Anlageformen für freie Liquidität"

Sie finden das Basiswissen zu dieser Übung im Lehrbuch „Finanzwirtschaft", Kapitel 6. Die Lösungen finden Sie auf Seite 71.

Die Sabina Schmitz KG stellt Qualitätsprodukte aus Marzipan und Schokolade her. Das Geschäft ist stark saisonabhängig, so dass es im Jahresablauf zu starken Schwankungen in der Liquidität kommt. Insgesamt ist das Unternehmen jedoch finanziell gut aufgestellt, so dass immer wieder Gelder für mittel- und langfristige Anlagen zur Verfügung stehen. Das Unternehmen verfügt bei einer Bilanzsumme von 4,6 Mio. € über ein Eigenkapital von 1,5 Mio. €. Sie sollen sich um die Anlagemöglichkeiten des Unternehmens kümmern und zu diesem Zweck zu folgenden Fragen Stellung nehmen.

Aufgabe 1:

Der Schmitz KG wird im Juli/August, einer Zeit, in der für das Weihnachtsgeschäft vorproduziert wird und freie Liquidität nicht vorhanden ist, von einem Anlageberater ein Aktienpaket einer russischen Ölförderfirma im Wert von 500 Tsd. € angeboten. Der Anlageberater mutmaßt, dass die Aktien in den nächsten sechs Monaten bis zu 50 % steigen können, kann das natürlich nicht garantieren.

a) Zu welcher Art von Papieren gehören diese Aktien?

....

....

....

b) Erläutern Sie an diesem Beispiel das magische Dreieck der Geldanlage.

....

....

....

c) Halten Sie einen Einstieg in dieser Situation für sinnvoll? Begründen Sie bitte Ihre Aussage.

....

....

....

Aufgabe 2:

Im November, unmittelbar nach Auslieferung der Weihnachtsproduktion, stehen der Schmitz KG liquide Mittel in Höhe von 500 Tsd. € zur Verfügung, die für den laufenden Geschäftsbetrieb vorerst nicht benötigt werden, sondern erst zur Bezahlung der Einkäufe für das Ostergeschäft verwendet werden. Das Geld steht dem Unternehmen für ca. drei Monate zur Verfügung.

a) Formulieren Sie drei Anforderungen, die bei der Anlage dieser liquiden Mittel mindestens erfüllt sein müssen.

....

....

....

b) Zur Disposition stehen drei verschiedene Anlagemöglichkeiten:

- Tagesgeld: 2 % Zinsen
- Festgeld für 30 Tage: 4,5 % Zinsen, keine Gebühren
- Industrieobligation: Restlaufzeit 3 Monate, Kaufkurs 102, Nominalzinssatz 6 %, Gebühr: Provision 0,5 % vom Kurswert, mindestens vom Nennwert, Courtage 0,75 ‰ vom Nominalwert

Welche Anlage ist, überschlägig betrachtet, die günstigste? Begründen Sie Ihre Antwort.

....

....

....

Aufgabe 3:

Die Schmitz KG gibt ihrer Bank am 15.04.07 den Auftrag, für 100.000 € eine 5,25 %-Bundesanleihe mit Zinsschein zu kaufen. Kurs 101,5 %, Zinstermine: 1. Januar/1. Juli. Rückzahlung 07/09; die Kosten betragen: Provision 0,5 % vom Kurswert, mindestens vom Nennwert, Courtage 0,75 ‰ vom Nominalwert.

a) Um was für eine Art von Wertpapier handelt es sich hier?

....

....

....

b) Ermitteln Sie den Betrag, mit dem die Bank das Konto der Schmitz KG belastet.

....

....

....

Aufgabe 4:

Die Wertpapiere aus Aufgabe 3 werden vorzeitig am 27.09.08 zum Kurs von 102,1 wieder verkauft.

a) Erstellen Sie die Verkaufsabrechnung und ermitteln Sie den Betrag, den die Bank an diesem Tag der Schmitz KG gutschreiben wird.

....

....

....

b) Ermitteln Sie den Gesamterfolg diese Engagements in Euro und in Prozent vom eingesetzten Kapital, wenn die Depotgebühren für den gesamten Zeitraum anteilig 50 € betragen.

....

....

....

Aufgabe 5:

Die Schmitz KG kaufte am 10.06.06 3.000 Aktien der Commod AG zum Kurs von 8,45 €. Kosten: Provision 1 %, Courtage 0,8 ‰.

a) Welcher Betrag wird der Schmitz KG belastet?

....

....

....

b) Wie ist das Kursgewinnverhältnis (KGV) der Aktie, wenn der zukünftige Ertrag mit 0,72 € je Aktie angegeben wird? Erklären Sie diesen Wert.

....

....

....

c) Beurteilen Sie diesen Wert, indem Sie ihn mit den aktuellen KGV der Börsennotierungen im Wirtschaftsteil einer Zeitung vergleichen.

....

....

....

Aufgabe 6:

Im Frühjahr 2007 plant die Commod AG eine Kapitalerhöhung von 80 auf 100 Mio. €. Der Aktienkurs vor der Herausgabe der jungen Aktien beträgt 10,20 €. Die Commod AG plant, die Aktien zum Vorzugskurs von 8,70 € auf den Markt zu bringen.

a) Welches Bezugsverhältnis wird bei der Herausgabe der jungen Aktien zugrundegelegt?

....

....

....

b) Wieviel junge Aktien kann die Schmitz AG folglich beziehen?

....

....

....

c) Welchen Wert hat das Bezugsrecht?

....

....

....

d) Die Commod AG ist ein aufstrebendes Unternehmen mit guten Geschäftsaussichten und wird von den Analysten positiv bewertet. Wozu raten Sie der Schmitz KG? Verkauf oder Ausübung des Bezugsrechtes?

....

....

....

Aufgabe 7:

Die Schmitz KG hat das Bezugsrecht nicht ausgeübt, sondern für 900,00 € verkauft. Sie muss die vorhandenen Papiere aufgrund eines finanziellen Engpasses am 12.05.08 verkaufen. Der Kurs an diesem Tag beträgt 10,60 €, die Verkaufskosten entsprechen denen von Aufgabe 5. Die Depotgebühren betragen anteilig 420,00 €, die Provision für den Verkauf des Bezugsrechts beträgt 1,08 % des Ertrages aus dem Verkauf des Bezugsrechts. An sonstigen Kommunikationskosten sind weitere 80,00 € entstanden. Die Commod AG hat für das Jahr 06 0,25 € Dividende, für das Jahr 2007 0,35 € Dividende ausgeschüttet.

a) Erstellen Sie die Verkaufsabrechnung für die Aktien.

b) Stellen Sie die Erträge und Aufwendungen der Aktie für den Zeitraum zusammen, in dem die Schmitz KG sie gehalten hat.

c) Ermitteln Sie den Gesamtgewinn in € und als Effektivverzinsung über den genannten Zeitraum in Prozent.

Aufgabe 8:

Der Schmitz KG wird ein geschlossener Immobilienfonds angeboten. Es handelt sich dabei um ein Einkaufszentrum vor den Toren einer mittelgroßen Stadt, in dem ein Baumarkt, ein Discounter und ein Möbelmarkt untergebracht sind, alles am Markt bekannte Unternehmen. Es liegen Mietverträge über 10 Jahre vor mit Option auf Weitervermietung. Der einzelne Anteil kostet 50.000,00 €, 1.000,00 € gehen an den Vermittler. Die Rendite wird mit 6,5 % prognostiziert und liegt damit deutlich über der umlaufenden Rendite von Obligationen und Finanzierungsschätzen (ca. 3,8 bis 4,5 %).

a) Beschreiben Sie Aufbau und Wirkungsweise eines geschlossenen Immobilienfonds.

b) Welche Vor- und Nachteile bietet ein solcher Immobilienfonds?

Lösungen zur 1. Übung: „Zahlungsverkehr"

Aufgabe 1:

Die Bartel KG kann sich von der Erweiterung des bargeldlosen Zahlungsverkehrs folgende Effekte erwarten:

- Verminderung der mit dem Bargeld verbundenen Risiken (Falschgeld, Verlust durch Diebstahl)
- Senkung der Kosten (Geld zählen, Differenzen suchen)

Aufgabe 2:

a) Die Quittung sollte wie folgt ausgefüllt sein:

Quittung	EUR	--------------350,00
Nr.	inkl.	--- 19% USt
Dreihundertfünfzig------------------------------------- (Betrag in Buchstaben)		Cent wie oben
von Bartel KG, Aachen, Frau Krause		
für Vorschuss April		
erhalten zu haben, bestätigt		
Aachen (Ort)	, den	15.04. .. (Datum)
		Martin Meier (Unterschrift des Empfängers)

b) Die Quittung ist ein Beweismittel gegenüber dem Empfänger der Zahlung, damit dieser sie nicht noch einmal einfordern kann. Ferner ist sie ein Beleg, der die Ausgabe gegenüber den Finanzbehörden beweist. Bei halb- und bargeldloser Zahlung lässt sich die Zahlung durch eine Buchung beweisen.

Aufgabe 3:

a) Allen Bargeschäften mit größeren Beträgen haftet grundsätzlich ein negativer Beigeschmack an. Es sind immerhin Zweifel angebracht, ob das Geld aus soliden Quellen stammt, und es kann sein, dass das Geld ganz oder teilweise gefälscht ist. Zudem gelten Personen, die unnötig und häufig große Mengen Bargeld bei sich führen, als wenig solide.

b) Die Bartel KG hat nach dem Geldwäschegesetz die Pflicht,

- den Zahler durch Vorlage des Personalausweises oder Reisepasses zu identifizieren,
- alle Informationen über den Namen der betreffenden Person (Geschäftspartner), seine Daten, die Geschäftsart sowie die wirtschaftliche Berechtigung des Geschäftspartners aufzuzeichnen;
- die Transaktion dem Landeskriminalamt zu melden, wenn der Verdacht nahe liegt, dass das Geld aus kriminellen oder terroristischen Quellen stammt oder gefälscht ist.

Aufgabe 4:

a) Erst wenn die Schecksumme an den Zahlungsempfänger ausbezahlt wurde, gilt das zu Grunde liegende Schuldverhältnis als erloschen. Jeder, der den Brief abfängt und den darin befindlichen Scheck vorlegt, bekommt ihn auch eingelöst, da der Scheck prinzipiell ein Inhaberpapier ist. Die Bartel KG trägt hier also das Risiko für den Verlust des Geldes. Sie müsste in dem geschilderten Fall die Zahlung zweimal leisten. Insofern stellt die Übersendung von Schecks per Post grundsätzlich ein Risiko dar.

b) Die Bartel KG sollte einen Orderscheck verwenden. Ein solcher Scheck lautet auf den Namen des Empfängers und kann nur von ihm persönlich mit Unterschrift an die Bank weitergegeben werden. Jeder unberechtigte Besitzer wird also mit einer Übergabe an die Bank und dem Versuch der Einlösung scheitern.

c) Die Rechtslage ist hier sehr eindeutig: Der gesetzliche Bestandteil „Schecksumme" muss in Worten geschrieben werden und ist bindend. Die zusätzliche Information in Ziffern ist ein kaufmännischer Bestandteil und damit nachrangig. Die Bank ist daher verpflichtet, nur den Betrag in Worten auszuzahlen.

d) Die Einreichungsfrist richtet sich danach, wo der Scheck ausgestellt ist (Inland, Europa, übrige Welt). Da dieser Scheck im Inland ausgestellt ist, beträgt die Einreichungsfrist acht Tage ab dem Ausstellungsdatum des Schecks.

e) Die Bank ist zwar noch berechtigt, aber nicht verpflichtet, die Zahlung aus dem Scheck zu leisten. Der Geschäftspartner verliert zudem seine scheckrechtlichen Rückgriffsansprüche, sollte die Bartel KG den Scheckbetrag nicht zahlen können und ein Scheckprozess wird durch das verstreichen lassen der Frist unmöglich.

Aufgabe 5:

a) Mit einem Lastschriftverfahren, bei dem der Kunde der Bartel KG sein Einverständnis schriftlich erteilt, könnte die Bartel KG unter Einschaltung ihrer Hausbank die geforderten Beträge direkt vom Konto des Kunden einziehen. Die Bartel KG kann zu beliebigen Terminen unterschiedliche Beträge einziehen.

b) Die Zahlungen gehen pünktlich ein. Das führt zu Zinsgewinnen. Das Mahnwesen wird entlastet und die Buchhaltung vereinfacht.

c) Beim **Einzugsermächtigungsverfahren** ermächtigt der Schuldner den Gläubiger, Lastschriften auf seinem Konto zu veranlassen. Allerdings kann er der Belastung innerhalb von sechs Wochen widersprechen und eine Rückbuchung vornehmen lassen. Beim **Abbuchungsauftragsverfahren** erteilt der Schuldner seiner Bank einen zwar widerruflichen Auftrag, eingehende Lastschriften vom Gläubiger von seinem Konto abzubuchen, er kann der einzelnen Belastung jedoch nicht widersprechen.

d) Sofern die Kunden zustimmen, sollte die Bartel KG das Abbuchungsverfahren wählen, denn dieses gestattet es dem Kunden nicht, die Beträge wieder zurückzubuchen. Genau davon wird allerdings - gerade von zahlungsschwachen Schuldnern sowohl im privaten als auch im gewerblichen Bereich - immer wieder Gebrauch gemacht, wenn diese in Turbulenzen geraten. Eine wirkliche Erleichterung und eine gewisse Sicherheit gerade bei problematischen Kunden bietet nur das Abbuchungsauftragsverfahren.

Aufgabe 6:

a) Die Daten für die Zahlungsabwicklung werden rasch - zumeist automatisch - von den im Betrieb beteiligten Programmen (Kreditorenbuchhaltung, Personalbuchhaltung) erstellt. Die Erarbeitung von Einzelbelegen entfällt also. Die Buchung von ein- und ausgehenden Zahlungen kann über Schnittstellen in der Finanzbuchhaltung veranlasst werden.

b) Die wichtigste softwareseitige Voraussetzung ist, dass die Zahlungsdatensätze maschinell lesbar gemacht werden. Sie müssen ferner nach Verrechnungswegen sortierbar und auf neue Datenträger überschreibbar sein. Zu diesem Zweck müssen alle Zahlungsdatensätze nach den Richtlinien über den Datenträgeraustausch und die Datenfernübertragung formatiert sein. Das bedeutet, dass diese Datensätze einen einheitlichen Datensatzaufbau und Datensatzinhalt haben müssen. Außerdem müssen die Daten für mindestens zehn Bankgeschäftstage gespeichert werden und nachweisbar aufgehoben (gesichert) werden. Hinsichtlich der Hardware müssen entsprechende DV-Systeme mit geeigneten Speichermedien, Datenträgern und Datentransfermöglichkeiten vorgehalten werden.

Aufgabe 7:

a) Bonität des Karteninhabers

b) Zahlungen in Hotels, Tankstellen, Restaurants, bei Fluggesellschaften und Mietwagenunternehmen sowie zahlreichen Einzelhandelsgeschäften; die Höhe richtet sich nach dem Limit, das dem Kreditkarteninhaber eingeräumt wird

c) bargeldlose Zahlung, geringes Risiko, zumeist internationale Akzeptanz

d) Verlustrisiko: relativ gering, da die Karte gesperrt werden kann; Missbrauch durch Diebstahl: kann ebenfalls durch rasche Sperrung eingegrenzt werden; Missbrauch durch die eigenen Mitarbeiter: kann durch Limitierung eingeschränkt, aber nicht ausgeschlossen werden

Aufgabe 8:

a) POS-Zahlung, ELV-Zahlung, Geldkarte

b) Geldkarte und POS, da hierbei die Garantie der Zahlung gegeben ist

Aufgabe 9:

- Es ermöglicht eine einfache und übersichtliche Disposition der entsprechenden Fremdwährungsbestände.
- Es werden der sich bei An- und Verkauf von Devisen ergebende Kursunterschied sowie ggf. anfallende Gebühren vermieden.
- Es ermöglicht eine leichtere Aufnahme kurzfristiger Kredite bzw. einfachere Geldanlage in Fremdwährung.
- Es schränkt Kursrisiken ein.

Aufgabe 10:

a) Grundsätzlich kann hier die nicht dokumentäre oder die dokumentäre Zahlung zum Einsatz kommen. Die nicht dokumentäre Zahlung, auch clean payment genannt, sieht die Versendung der Ware vor Zahlung ohne Sicherstellung, d.h. ohne die Absicherung durch Dokumente vor. Beim dokumentären Zahlungsverkehr wird die Zahlung durch den Einsatz von Dokumenten abgesichert. Dies geschieht im Grundsatz dadurch, dass der Exporteur für seine dem Spediteur übergebene Waren Dokumente erhält, die er erst dann aus seiner Verfügungsgewalt gibt, wenn er dafür Geld erhält. Umgekehrt erhält der ausländische Importeur der Waren die Dokumente erst dann, wenn die Zahlung geflossen ist.

b) Grundsätzlich ist die dokumentäre Zahlung zu bevorzugen, weil sie sicherer ist. Der Kunde der Bartel KG (Importeur) erhält die Ware nur mit den Dokumenten. Diese allerdings erhält er erst, wenn er die Zahlung geleistet hat. Beim Dokumenteninkasso und beim widerruflichen Akkreditiv besteht das einzige Risiko für die Bartel KG darin, dass der Kunde kein Interesse mehr hat und deshalb nicht zahlt. Beim unwiderruflichen Akkreditiv übernimmt die Akkreditivbank die unwiderrufliche Garantie, aus dem Akkreditiv zu zahlen.

Aufgabe 11:

a) Die Bartel KG (= Exporteur) und ihr Kunde (= Importeur) schließen einen Vertrag über die Lieferung von Waren und vereinbaren als Zahlungsbedingung „d/p credit". Der Importeur erteilt seiner Hausbank einen Antrag auf die Eröffnung eines Akkreditivs. Diese sendet das Akkreditiv-Eröffnungsschreiben an das Kreditinstitut des Exporteurs. Diese teilt dem Exporteur mit, dass das Akkreditiv eröffnet ist. Der Exporteur übergibt die Waren dem Spediteur und erhält im Gegenzug die Dokumente. Diese reicht er bei seiner Hausbank ein. Die Bank prüft die Dokumente, dann erhält der Exporteur den vereinbarten Betrag ausgezahlt. Nun übersendet die Hausbank die Dokumente an die Akkreditivbank und belastet den Dokumentengegenwert. Die Akkreditivbank sendet die Dokumente an den Importeur und belastet gleichzeitig sein Konto mit dem Dokumentengegenwert. Nun kann der Importeur mit den Dokumenten die Waren in Empfang nehmen.

b) Das Dokumentenakkreditiv bietet eine hohe Sicherheit für beide Geschäftspartner, vor allem dann, wenn durch vorherige Geschäftsbeziehungen noch kein Vertrauensverhältnis aufgebaut wurde oder die Strukturen im anderen Land undurchsichtig sind. Die Bartel KG erhält vor der Warenauslieferung ein abstraktes Zahlungsversprechen. Sie muss zudem die Transportdauer nicht vorfinanzieren. Das Zahlungsrisiko geht vom Importeur auf die Akkreditivbank über. Das Abnahmerisiko der Ware wird ausgeschlossen.

Lösungen zur 2.Übung: „Finanzierung"

Aufgabe 1:

a) Durch die Investition wird auf der Aktivseite der Bilanz zunächst das Sachanlagevermögen erhöht. Die zentrale Frage ist, wo die Mittel dafür herkommen sollen (Mittelherkunft). Dies kann zunächst durch eine Vermögensumschichtung auf der Aktivseite erfolgen: Aus der laufenden Liquidität kann die Investition allerdings nicht bezahlt werden. Sollen die Mittel von der Passivseite kommen, stellt sich die Frage, ob dies durch Eigenkapital oder durch Fremdkapital erfolgen soll.

b) Bei der Auswahl der Finanzierung müssen folgende Ziele beachtet werden:

- Rentabilität: Die Investition muss mit den günstigsten Mitteln finanziert werden. Insbesondere muss die Rentabilität der Investition größer sein als die Zinsen für die finanziellen Mittel.
- Liquidität: Die Investition darf nicht zu finanziellen Engpässen führen. Die laufenden Verpflichtungen müssen auch nach der Investition stets bezahlt werden können. Die Finanzierung darf z.B. nicht über Gebühr die kurzfristigen Mittel binden.
- Dispositionsfreiheit: Die Finanzierung - sofern sie mit fremden Mitteln erfolgt - darf nicht dazu führen, dass das Management in seinen unternehmerischen Entscheidungen eingeschränkt wird. Dies könnte dann z.B. der Fall sein, wenn eine zu starke Bindung an nur einen externen Kapitalgeber erfolgt.

Aufgabe 2:

Eigenkapitalquote: 1755 / 5545 * 100 = 31,7 %

Verschuldungsgrad: 3790 / 5545 * 100 = 68,3 %

Grad der Selbstfinanzierung: 500 / 1000 *100 = 50 %

Das Unternehmen kann hinsichtlich der Kapitalstruktur als positiv finanziert bezeichnet werden. Die EK-Quote liegt deutlich über dem Durchschnitt deutscher Unternehmen. Sie liegt ebenfalls nahe an der 2:1 Regel, was bedeutet, dass das Unternehmen mit zwei Teilen Fremdkapital bei einem Teil Eigenkapital finanziert ist.
Der Grad der Selbstfinanzierung liegt bei 50 %, was bedeutet, dass - ohne Berücksichtigung der aus dem Jahresüberschuss noch zu verteilenden Mittel - 50 % des Eigenkapitals durch Rücklagen aus eigener Kraft neu hinzugewonnen wurde.

Aufgabe 3:

Anlagendeckungsgrad I = 1755 * 100 / 2176 = 80,7 %

Anlagendeckungsgrad II = (1755 + 2195) * 100 / 2176 = 181,5 %

Anlagendeckungsgrad III = (1755 + 2195) *100 / (2176 + 1629/3) = 145,3 %

Auch aus dem Blickwinkel der Anlagendeckung ist die R. Bäumer GmbH gut aufgestellt: Bereits der Anlagendekkungsgrad erfüllt zu 80,7 % die Forderung, dass das Eigenkapital das Sachanlagevermögen decken soll. Der üppige Anlagendeckungsgrad II bestätigt dieses Ergebnis: Er liegt weit über 100 %. Selbst unter Einbeziehung von einem Drittel der Bestandsreserve liegt bei der R. Bäumer GmbH beim Anlagendeckungsgrad III noch eine Übererfüllung von 145 % vor.

Aufgabe 4:

a) Eigenkapitalrentabilität = 255 * 100 / 1500 = 17 %

b) Gesamtkapitalrentabilität = (255 + 150) * 100 / (1500 + 3790) = 7,7 %

c) Die Gesamtkapitalrentabilität des Unternehmens liegt mit 7,7 % über dem durchschnittlichen Fremdkapitalzinssatz von 6,5 %. Das Unternehmen hat also mit jedem zusätzlich aufgenommenem Euro, der investiert wurde, die Zinsdifferenz von 1,2 % darauf netto als Gewinn verbuchen können. Damit steigt die Eigenkapitalrentabilität mit jedem zusätzlich aufgenommenem Fremdkapital an (Hebelwirkung!).

d) Die Antwort liegt auf der Hand: Solange das neue Investment bei der R. Bäumer GmbH in der Lage ist, eine Rendite zu erwirtschaften, die über dem Fremdkapitalzinssatz liegt, sollte die R. Bäumer GmbH zur Fremdfinanzierung greifen. Das ist im vorliegenden Fall gegeben. Die Bäumer GmbH muss jedoch darauf achten, dass das Verhältnis Eigen- zu Fremdkapital stimmt - eine zu hohe Fremdkapitalquote ist in jedem Fall zu vermeiden.

Aufgabe 5:

a) Liquiditätsgrad I = 62,5 * 100 / 1595 = 3,9 %
Liquiditätsgrad II = (62,5 + 1.677,5) * 100 / 1595 = 109,1 %
Liquiditätsgrad III = (62,5 + 1.677,5 + 1629) * 100 / 1595 = 211,2 %

b) Die Zahlungsfähigkeit der Bäumer GmbH ist erst ab dem Liquiditätsgrad II gewährleistet, dieser liegt über 100 %.

c) Die Jahresabschlussbilanz ist nur eine Momentaufnahme. Sie zeigt weder, wie die Situation unmittelbar vor dem Bilanzstichtag gewesen ist, noch gibt sie Informationen darüber, was in der unmittelbaren Zeit nach dem Bilanzstichtag passieren kann. Beispiel 1: Die R. Bäumer GmbH hat hohe Außenstände. Sollte aus bestimmten Gründen ein Teil der Forderungen ausfallen (z.B. durch Insolvenz eines großen Kunden), verschlechtert sich die Liquidität II sofort auf unter 100 %. Beispiel 2: In der vorgelegten Bilanz ist nichts über die Fristen von Forderungen und Verbindlichkeiten gesagt. Sollten die Forderungen mit eher langfristigen, die Verbindlichkeiten mit eher kurzfristigen Zahlungszielen versehen sein, bekommt das Unternehmen unweigerlich Zahlungsschwierigkeiten. Beispiel 3: Wenn eine hohe Tilgungsrate für das langfristige Kapital ansteht, könnte der gleiche Effekt entstehen.

d) Wenn die Liquidität II deutlich unter 100 % liegen würde, könnte man bereits von einer Unterliquidität sprechen, denn dann müsste das Unternehmen im Zweifel seine Vorräte kurzfristig und ggf. unter Wert verkaufen, um die kurzfristigen Verbindlichkeiten zu bezahlen.

Aufgabe 6:

a) Kapitalerhöhung durch weitere Einlagen von Gesellschaftern, Bankdarlehen, Leasing, Vermögen umschichten (z.B. Forderungen verkaufen), Lieferantenkredit, stille Gesellschafter aufnehmen, Finanzierung durch Abschreibungen, Finanzierung durch Auflösung stiller Reserven.

b)

Eigenfinanzierung	Fremdfinanzierung
■ Kapitalerhöhung durch weitere Einlagen oder neue Gesellschafter ■ Vermögen umschichten ■ Finanzierung durch Abschreibungen ■ Auflösung stiller Reserven	■ Bankdarlehen aufnehmen ■ Lieferantenkredit ■ Leasing ■ Stille Gesellschafter (Einlage mit Darlehenscharakter)

c)

Vorzüge von Eigenfinanzierung	Vorzüge von Fremdfinanzeirung
■ unterliegt keinen festen Auszahlungsansprüchen ■ wird auf relativ lange Zeit überlassen ■ führt nicht zu Kosten ■ Kapitalerhöhung durch weitere Einlagen oder neue Gesellschafter	■ hat keinen Anspruch auf Erfolgsbeteiligung ■ haftet nicht ■ begründet keine Leitungsrechte des Fremdkapitalgebers

Aufgabe 7:

a) Es handelt sich um eine GmbH: Es besteht damit zunächst die Möglichkeit des Nachschusses durch die bestehenden Gesellschafter. Das setzt die Aufnahme einer entsprechenden Klausel in der Satzung voraus. Ferner ist eine Änderung des Stammkapitals denkbar, die durch alle Gesellschafter gleichzeitig bewirkt wird. Beides, Nachschuss und Kapitalerhöhung setzen Einigkeit voraus. Gleiches gilt für eine Aufnahme neuer Gesellschafter. Während sich durch Nachschuss und Kapitalerhöhung die Stimmverhältnisse nicht verändern, ist dies in der Regel durch die Aufnahme neuer Gesellschafter der Fall. Dies muss gewollt und von den bisherigen Gesellschaftern gut bedacht sein.

b) Änderungen des Stammkapitals einer GmbH bedürfen einer Satzungsänderung. Diese kann von der Gesellschafterversammlung nur mit einer Mehrheit von drei Viertel der Geschäftsanteile beschlossen werden. Außerdem muss die Änderung in das Handelsregister eingetragen werden.

Aufgabe 8:

Der Gewinn ist die Differenz zwischen den Erträgen und den Aufwendungen einer Abrechnungsperiode. Es handelt sich dabei jedoch nicht um liquide Mittel, die zur Finanzierung von Investitionen (= Kapitalbindung) zur Verfügung stehen. So stehen die Rücklagen der R. Bäumer GmbH, die aus thesaurierten Gewinnen stammen, nicht etwa als Bargeld oder Bankguthaben zur Verfügung, sondern sie sind letztlich in allen Vermögenspositionen gebunden, die im Unternehmen existieren. Der Gewinn aus dieser Investition muss erst in den kommenden Perioden nicht nur erwirtschaftet werden, sondern zudem auch noch als freie Liquidität zur Verfügung stehen, um damit z.B. Raten und Zinsen für aufgenommene Darlehen zu bezahlen. Eine a priori - Finanzierung aus Gewinnen entfällt damit.

Aufgabe 9:

a) Bei dem Verkauf eines Teils des Grundstücks würden dem Unternehmen 2000 * 210 = 420.000,00 € als freie Liquidität zugeführt, die zur Bezahlung der Investition verwendet werden könnten.

b) Durch den Verkauf wird die im Grundstück gebundene stille Rücklage (= Unterbewertung als Differenz zwischen Buchwert und Verkaufswert) aufgelöst: (210 - 25) * 2000 = 370.000,00 €. Grundsätzlich muss jeder Gewinn, der durch Verkauf von Betriebsvermögen anfällt, versteuert werden. Dies würde der Unternehmung Liquidität entziehen. Allerdings besteht nach § 6b des Einkommensteuergesetzes die Möglichkeit, im Jahr der Veräußerung eine Reinvestitionsrücklage zu bilden, die dann als stille Rücklage in voller Höhe auf das neue Gebäude übertragen werden kann und somit im Unternehmen bleibt.

c) Die Aussicht, einen großen Teil der Finanzmittel aus dem Verkauf des Grundstücks zu bekommen, ist sicher verlockend für die R. Bäumer GmbH. Allerdings nimmt sie sich mit dieser Entscheidung die Möglichkeiten, in kommenden Jahren den Betrieb an gleicher Stelle zu erweitern, zumal es sich um ein Gewerbegebiet handelt. Außerdem nimmt sie sich die Möglichkeit, in einer wirklichen Krise auf diese "Notration" zurückzugreifen. Gegenwärtig ist das Unternehmen finanziell so gut aufgestellt, dass eine Fremdfinanzierung durch ein Darlehen überhaupt kein Problem darstellt. Hinzu kommt die Erkenntnis aus dem Aufgabenteil 4, die besagt, dass eine Fremdfinanzierung aus Rentabilitätsgründen einer Finanzierung aus Eigenmitteln eventuell vorzuziehen ist.

Aufgabe 10:

Listenpreis	28.000,00
- Rabatt 15 %	4.200,00
= Zieleinkaufspreis	23.800,00
- Skonto 2 %	476,00
= Bareinkaufspreis	23.324,00
+ Transport	2.500,00
+ Maurerarbeiten	1.350,00
+ Montage	3.570,00
+ Halterungen Rohrsystem	1.500,00
= Anlagekapitalbedarf	**32.244,00**

Die Schulung des Mitarbeiters, die Energiekosten sowie die Wartungskosten gehören nicht zu den Anschaffungskosten, können somit nicht aktiviert werden und zählen folglich nicht zum Anlagekapitalbedarf.

Aufgabe 11:

Lieferung Produktionsbeginn Produktionsende Absatz Zahlung

<table>
<tr><td colspan="2">Lagerdauer Material</td><td>Produktions-dauer</td><td>Lagerdauer Fertigprodukte</td><td>Zahlungsziel Kunde</td></tr>
<tr><td colspan="2">30 Tage</td><td>10 Tage</td><td>10 Tage</td><td>15 Tage</td></tr>
<tr><td>Zahlungs-ziel Lieferan</td><td colspan="4"></td></tr>
<tr><td>15 Tage</td><td colspan="4"></td></tr>
<tr><td></td><td colspan="4">Bindungsdauer Materialkosten 50 Tage</td></tr>
<tr><td colspan="2"></td><td colspan="3">Bindungsdauer Lohnkosten 35 Tage</td></tr>
<tr><td></td><td colspan="4">Bindungsdauer Materialgemeinkosten 50 Tage</td></tr>
<tr><td colspan="2"></td><td colspan="3">Bindungsdauer Fertigungsgemeinkosten 35 Tage</td></tr>
<tr><td colspan="3"></td><td colspan="2">Bindugsdauer Fertigwarenlager GK 25 Tage</td></tr>
<tr><td colspan="4"></td><td>Vertriebs GK 15 Tage</td></tr>
<tr><td colspan="5">Bindungsdauer Verwaltungsgemeinkosten 65 Tage</td></tr>
</table>

Werte in EUR	berechneter durchschnittlicher täglicher Einsatz	Kapitalbindungsdauer in Tagen	Kapitalbedarf
Materialeinsatz (40 % von 5.000)	2.000	50	100.000
Lohn (30 % von 5.000)	1.500	35	52.500
GK Material	80	50	4.000
GK Fertigung	230	35	8.050
GK FW Lager	100	25	2.500
GK Vertrieb	150	15	2.250
GK Verwaltung	90	65	5.850
Kapitalbedarf Umlaufvermögen ges.			**175.150**

Für das Umlaufvermögen entsteht durch den neuen Betriebsteil ein dauerhafter Kapitalbedarf in Höhe von 175.150,00 €.

Lösungen zur 3. Übung: „Finanzplanung"

Aufgabe 1:

a) Sehr wahrscheinlich existieren in einem Unternehmen dieser Größe mindestens folgende Pläne.

Teilplan	Finanzplanrelevante Informationen
■ Absatzplan	■ Einnahmen aus Umsatzerlösen
■ Investitionsplan	■ Ausgaben für Anlagenkäufe/Leasingraten
■ Beschaffungsplan	■ Ausgaben für Material/Kapitalbindung im Lager
■ Personalplan	■ Ausgaben für Mitarbeiter
■ Tilgungspläne	■ Tilgungsraten und Zinszahlungen
■ Anlagenplan/Anlagendatei	■ Einnahmen aus dem Verkauf von Anlagen

b) Folgende Gesichtspunkte sind bei der Auswertung der Pläne zu berücksichtigen:

- Die wichtigsten und größten Flussgrößen sind gemäß dem ABC-Prinzip möglichst genau zu planen. Dies gilt z.B. für Einnahmen aus Umsatzerlösen, Ausgaben für Material und Personal.
- Viele Zahlen liegen schon fest durch regelmäßige Termine und Beträge, z.B. Mieten, Leasingraten, Zins- und Tilgungsraten.
- In vielen betriebswirtschaftlichen Plänen, z.B. Absatz- oder Anlagenplan, existiert keine USt. Im Finanzplan dagegen muss diese berücksichtigt werden, weil sie ein- bzw. auszahlungsrelevant ist.
- Nur die Monats- oder Quartalszugehörigkeit entscheidet in der Finanzplanung, nicht die Taggenauigkeit von Ein- oder Auszahlungen.
- Einige Pläne ändern sich im Jahresablauf durch Anpassungen an aktuelle Gegebenheiten. Dies ist in der Finanzplanung zu berücksichtigen.
- Während einige Pläne Verzehr orientiert sind, z.B. Personalkostenpläne oder Materialaufwandspläne, ist der Finanzplan grundsätzlich zahlungsorientiert aufzustellen.

Aufgabe 2:

a)

	Monat	April
1	(Werte in Tsd. €)	Plan
2	**Zahlungsmittelbestand (AB flüssige Mittel)**	**1.500**
3	**Einzahlungen**	
4	Umsatzerlöse inkl. USt./ Anzahlungen	15.600
5	Anlageverkäufe	300
6	Wertpapiererträge/Zinsen	87
7	Mieten	14
8	Sonstige Einnahmen	95
9	**Summe Einzahlungen (Su. Zeile 4 bis 8)**	**16.096**
10	**Summe der verfügbaren MIttel (Zeile 2+9)**	**17.596**
11	**Auszahlungen**	
12	Personal (Bruttogehalt + AG-Anteile SV)	1.824
13	Material	9.860
14	Anlagenkäufe	3.670
15	Fremdkapitalzinsen	335
16	Tilgungsbeträge	160
17	Mieten	23
18	Steuern	2.480
19	Sonstige Ausgaben	140
20	**Summe der benötigten Mittel (Summe Zeile 12 bis 19)**	**18.492**
21	**Unter-/ Überdeckung (Zeile 10 - Zeile 20)**	**- 896**

b) Die Unterdeckung beträgt 896 Tsd. €.

Aufgabe 3:

a) Es entsteht eine Unterdeckung von 896 Tsd. €. Diese resultiert daraus, dass die Summe der geplanten Auszahlungen wesentlich höher ist als die Summe der Einzahlungen. Hauptgrund dürfte die relativ hohe Investitionssumme im Monat April sein.

b) Als mögliche Maßnahmen für die Unterdeckung muss geprüft werden, ob eine vorhandene Kreditlinie in Anspruch genommen werden kann. Ist das nicht der Fall, bietet sich eine Erhöhung eines bestehenden Kredits oder die Neuaufnahme eines Kredites an, was angesichts der Investitionssumme im Vergleich mit der Unterdeckung problemlos möglich sein dürfte. Ferner muss geprüft werden, ob weitere Liquidität geschaffen werden kann, z.B. durch Verkauf von Wertpapieren (Liquiditätsreserve) oder Erweiterung des Lieferantenkredits bei Teilen der Materiallieferungen. Es ist auch daran zu denken, Forderungen zu verkaufen, um auf diesem Weg an zusätzliche Liquidität zu kommen.

Aufgabe 4:

Tabellarische Lösung (Werte in Tsd. €):
Der Inlandsumsatz beträgt 1260 - 740 = 520

30.04	90 % von 520 = 468 - 3 % Skonto	= 454,0
20.05.	8 % von 520	= 41,6
5.06.	2 % von 520	= 10,4
10.05.	100 % von 740	= 740,0

Aufgabe 5:

a)

Liquiditätsstatus Tag: 1.8. (in Tsd €)	**Anfangsbestand**	**zugesagter Kredit**	**Zahlungsfähigkeit**
Kasse	6	0	6
Konto Hessische Landesbank	167	500	667
Konto Postbank	89	0	89
Konto Jesse & Co.	128	600	728
Konto Sparkasse	- 137	400	263
Termingeldkonto	600	0	600
Schecks	28	0	28
Besitzwechsel	453	0	453
voraussichtlich eingehende Forderungen	1.467	0	1.467
Summe verfügbare Mittel	**2.801**	**1.500**	**4.301**
Zahlung von fälligen Eingangsrechnungen			2.987
Zahlungen an Mitarbeiter			36
heute fällige Daueraufträge			624
heute fällige Lastschriften			340
Barauszahlungen (geschätzt)			12
sonstige Auszahlungen			167
Summe der Auszahlungen			**4.166**
Liquiditätsstatus (+) = Überschuss (-) = Fehlbetrag			**135**

b) Für den 1.8. entsteht ein Überschuss von + 135.000,00 €. Dabei sind die Kreditlinien fast vollständig ausgenutzt. Die maximal mögliche Ausnutzung der Kreditlinien liegt bei 1500 Tsd. €. Genutzt werden davon 1500 Tsd. € - 135 Tsd € = 1365 Tsd. €. Dies sind 91% der bis zur Kreditlinie zur Verfügung stehenden Mittel. Den vielen fälligen Eingangsrechnungen und Zahlungsverpflichtungen (Summe 4166 Tsd. €) stehen nur relativ wenige Forderungen (1467 Tsd. €) entgegen.
Es ist Monatsanfang, d.h. die Gehälter sind vor kurzem ausgezahlt worden und es bleibt ca. 20 Tage Zeit zur Beschaffung der Mittel für die Gehaltszahlungen des laufenden Monats.
Clearing ist hier schon eingerechnet, weil alle positiven Kontostände benötigt werden.
Bemühungen um eine Ausweitung der kurzfristigen Kreditaufnahme sind notwendig. Die nachfolgenden Tage müssen hinsichtlich der Liquiditätsentwicklung genau beobachtet werden, ob die Situation so angespannt bleibt oder ob beispielsweise größere Zahlungseingänge zu erwarten sind.

c) Mögliche Risiken sind: Nicht eingehende Forderungen, bereits bei Ausfall von 10 % der erwarteten Forderungen ergibt sich eine Unterdeckung; überraschende Zahlungen auf der Ausgabenseite, z.B. Belastungen aus einem Akkreditiv bei Vorlage von Dokumenten.

Aufgabe 6:

a)

Cash flow-Status (Werte in Tsd. €)	
Netto-Umsatzerlöse	20.100
- Materialaufwand	11.450
= **Rohertrag**	**8.650**
+ sonstige betriebliche Erträge	245
- Personalaufwendungen	2.140
- sonstige betriebliche Aufwendungen (ohne Abschreibungen und Zinsen)	1.643
= erweiterter Cash flow	**5.112**
+ sonstige Einnahmen/Kapitaleinlagen	354
- Steuern vom Einkommen, Ertrag und Vermögen	845
- Sonderausgaben und Privatentnahmen	740
- voraussichtlicher Eigenmitteleinssatz bei Investitionen	1.400
- sonstige Ausgaben (wie Tilgungen)	650
= verfügbare Barmittel (gleichzeitig Kapitaldienstgrenze im Planungszeitraum)	**1.831**

b) Die Kapitaldienstgrenze zeigt auf, wie groß der Kreditaufnahmespielraum ist. Ist dieser Wert positiv, so wie hier, dann kann das Unternehmen zukünftig noch weitere Investitionsvorhaben finanzieren, weil die Rückzahlung durch diese angezeigten Barmittel möglich ist.

Aufgabe 7:

Einnahmenbereich	**Ausgabenbereich**
▪ Forderungen verkaufen (Factoring) ▪ nicht genutztes Anlagevermögen verkaufen (Desinvestition) ▪ genutztes Anlagevermögen verkaufen per "Sale-and-lease-back" ▪ Skonto gewähren, um Kunden zu vorzeitiger Zahlung zu veranlassen ▪ Streichung langfrisitger Zahlungsziele ▪ Kunden zu Anzahlungen veranlassen ▪ Aufnahme kurzfristiger Fremdmittel ▪ kurzfristige Erhöhung des Eigenkapitals	▪ Investitionen aufschieben (Verzicht auf Ersatzinvestitionen) ▪ Tilgunsstreckung vereinbaren ▪ längerfristige Zahlungsziele vereinbaren ▪ Kosteneinspraungsprogramme ▪ Anpassungen im Personalbereich (Kurzarbeit)

Aufgabe 8:

a)

Netting-Tabelle		Verbindlichkeiten von				Summe Forderungen	Summe Verbindlichk.	Salden
		U1	U2	U3	U4			
Forderungen von	U1	-	690	480	1.360	2.530	640	1.890
	U2	240	-	125	340	705	1.100	-395
	U3	90	320	-	210	620	1.195	-575
	U4	310	90	590	-	990	1.910	-920
		640	**1.100**	**1.195**	**1.910**	**4.845**	**4.845**	**0**

b) Unternehmen U1 als Konzernmuttergesellschaft erhält von den anderen Gesellschaften Zahlungen. Tatsächlich reduziert sich mit diesen Ausgleichszahlungen die Anzahl der möglichen Überweisungen von sechs auf drei. Außerdem sind nur noch insgesamt 1.890 Tsd. € zu bewegen statt 4.845 Tsd. €.: Ein erheblicher Kostenvorteil besonders dann, wenn die Gesellschaften in unterschiedlichen Ländern liegen.

Aufgabe 9:

- Klare Vertragsabsprachen hinsichtlich der Zahlungsbedingungen, ggf. Vorkasse oder Zahlung bei Lieferung;
- Sicherungsmaßnahmen, z.B. Eigentumsvorbehalte, Kreditversicherungen;
- rasche Auslieferung der Bestellungen;
- zügige Fakturierung, ggf. noch am Tage der Auslieferung;
- Lastschriftverfahren für Kunden, die als zögerliche Zahler bekannt sind;
- Skontoanreize zur schnelleren Zahlung schaffen;
- Forderungsüberwachung und ein konsequentes Mahnwesen.

Aufgabe 10:

a) Wie die Zahlungsbedingung es ausdrückt, spätestens 30 Tage nach dem Rechnungsdatum, also am 10.07.07.

b) Nein, aus der Kondition ist kein festes Zahlungsdatum erkennbar, das am 11. Juli überschritten wurde.

c)

Trans Tech Anlagenbau AG
Wittekindstraße 4
32052 Herford

Meller Mühle GmbH
Industriestraße 6 11.07.2007
49328 Melle

Zahlungserinnerung
Rechnung Nr. AR 07-3467 vom 10.06.07 über 56.000 €
Fälligkeit: 10.07.07

Sehr geehrte Damen und Herren,

unsere Debitorenbuchhaltung teilt uns mit, dass für die im Betreff aufgeführte Rechnung noch keine Zahlung eingegangen ist. Sie haben es sicher übersehen, die Zahlung zu veranlassen. Wir gehen davon aus, dass an der Lieferung nichts zu beanstanden ist. Sollte dies der Fall sein, informieren Sie uns bitte, damit wir den Fehler beheben können. Sollte es sonst keinen anderen Grund geben, bitten wir Sie, die Zahlung bis zum 24.07.07 zu leisten. Haben Sie die Zahlung inzwischen angewiesen, dann betrachten Sie diese Erinnerung bitte als gegenstandslos.

Zahlungseingänge wurden bis zum 11.07.07 berücksichtigt.

Mit freundlichen Grüßen

Trans Tech AG

d) Rechtlich gesehen handelt es sich um eine Mahnung, die nach Ablauf der gesetzten Frist (24.07.07) einen Verzug bewirkt. Erst danach kann die Trans Tech AG ihre Rechte aus dem Zahlungsverzug geltend machen.

e) Zwei Möglichkeiten stehen zur Auswahl:

- Direkte Erhebung einer Klage auf Zahlung. Dies muss bei dem Gericht erfolgen, das gesetzlich festgelegt ist (= Geschäftssitz der Meller Mühle AG) oder das vertraglich vereinbart ist.
- Antrag auf Erlass eines gerichtlichen Mahnbescheides. Dies erfolgt beim zuständigen Amtsgericht des Gläubigers, in diesem Fall der Trans Tech AG. Unter Umständen ist in dem Bundesland ein Amtsgericht für alle diese Verfahren zuständig. Dann muss der Antrag dorthin geschickt werden.

Aufgabe 11:

a) Die Verjährungsfrist beginnt am Ende des Jahres zu laufen, in dem die Forderung entstanden ist, also am 31.12.07 um 24:00 Uhr.

b) Ab dem 01.01.2011, weil dann die Dreijahresfrist der regelmäßigen Verjährung abgelaufen ist.

c) Die Unterbrechung müsste spätestens bis zum 31.12.2010 24:00 Uhr erfolgen. Sie könnte erfolgen, wenn die Meller Mühle GmbH ihre Schuld anerkennt, z.B. durch Zins- oder Teilzahlungen, durch ein Gesuch um Stundung oder das Angebot der Verrechnung mit anderen Leistungen oder wenn gegen die Meller Mühle AG eine Vollstreckungshandlung in dieser Sache vorgenommen wird.

d) Die Verjährung wird gehemmt, wenn die Meller Mühle AG ein Leistungsverweigerungsrecht geltend machen kann, z.B. durch mangelhafte Lieferung,, wenn die Rechtsverfolgung eingetreten ist (allerdings nur für sechs Monate), z.B. durch Erhebung der Klage, wenn ein Mahnbescheid zugestellt wird oder schwebende Verhandlungen über den Anspruch bestehen und wenn höhere Gewalt die Durchsetzung des Anspruchs verhindert. Die Wirkung der Hemmung ist, dass die Verjährungsfrist sich um genau diese Zeit verlängert.

Aufgabe 12:

Werte in €	Ofen Amaro	Ofen Gusto
Anschaffungskosten	150.000,00	200.000,00
Nutzungsdauer(Jahre)	5	5
Ø Kapitaleinsatz	75.000,00	100.000,00
Zinssatz p.a.	5%	5%
Erlöse pro Stück	1,80	2,10
Produktionsmenge/Jahr	90.000 Stück	90.000 Stück
Kosten		
Abschreibung / Jahr	30.000,00	40.000,00
Zinsen/Jahr	3.750,00	5.000,00
Raumkosten / Jahr	800,00	1.000,00
Reparatur / Jahr	1.000,00	750,00
Energiekosten fest / Jahr	1.000,00	900,00
Weitere Kosten für die Herstellung pro Stück	72.000,00	54.000,00
Kosten gesamt	108.550,00	101.650,00
Erlöse Gesamt	162.000,00	189.000,00
Gewinn	53.450,00	87.350,00

Die Gewinndifferenz zwischen beiden Alternativen beträgt: 33.900,00 €.
In dieser Betrachtung ist der Ofen Gusto vorteilhafter.

Lösungen zur 4. Übung: „Kapitalbeschaffung und Kredite"

Aufgabe 1:

a) 200.000,00 € * 3 % = 6.000,00 €

b) 200.000,00 € - 6.000,00 € = 194.000,00 €, denn nur der skontierte Betrag muss kreditiert werden.

c) 30 Tage Ziel - 14 Tage Skontofrist = 16 Tage Kreditzeitraum

d) 194.000 * 8 * 16 : (360 * 100) = 689,78 € (Anwendung der Zinsformel)

e) 6.000,00 € - 689,78 € = 5.310,22 €

f) 200.000,00 € * 8 % = 16.000,00 €
16.000,00 € : 12 Monate = 1.333,33 €

g) 2.600.000,00 € * 6 % = 156.000,00 €

Aufgabe 2:

a) Die insgesamt 3,2 Mio. € Kontokorrent-Kreditlinie machen die Silberbach GmbH & Co. KG flexibler. Immer wieder im Laufe eines Monats, eines Quartals oder eines Jahres fallen größere Zahlungen an, die überbrückt werden müssen, die aber meistens schon wenige Tage oder Wochen danach wieder ausgeglichen sind (z.B. Lohn- und Gehaltszahlungen, Versicherungen, Tilgungen, Steuerzahlungen, Zinsen).

b) Einmalige Bearbeitungsgebühr, u. U. Bereitstellungsprovision für den nicht in Anspruch genommenen Teil des zugesagten Kredites, taggenaue Zinsen für den in Anspruch genommen Teil des Kredites, ggf. Überziehungsprovision, sofern die Kreditlinie überschritten wird. Insgesamt sind die Kosten für einen Kontokorrentkredit relativ hoch. Sie zählen zu den höchsten im Kreditgeschäft.

c) Die Silberbach GmbH & Co. KG macht sich abhängig von der Bank, wenn sie keine Reserven hat, mit denen ein kurzfristiger Ausstieg aus diesem Engagement möglich ist. Sollte das Unternehmen in Turbulenzen geraten, können die Banken eine vollständige Rückführung der Kredite verlangen. Es bieten sich jedoch Verhandlungen mit der Bank an, bei der Stundungen, individuelle Vereinbarungen zur Rückführung des Kredits möglich sind.

Aufgabe 3:

a) Sie muss eine gute Bonität (= gutes Rating) und die entsprechenden Sicherheiten bieten, das sind im wesentlichen Grundpfandrechte.

b)

Festbetragsdarlehen (Beträge in Tsd. €)					
Jahr	Anfangsschuld	Zinsen	Tilgung	Zahlbetrag	Restschuld
1	8.000,0	520,0	0,0	520,0	8.000,0
2	8.000,0	520,0	0,0	520,0	8.000,0
3	8.000,0	520,0	0,0	520,0	8.000,0
4	8.000,0	520,0	0,0	520,0	8.000,0
5	8.000,0	520,0	0,0	520,0	8.000,0
6	8.000,0	520,0	0,0	520,0	8.000,0
7	8.000,0	520,0	0,0	520,0	8.000,0
8	8.000,0	520,0	0,0	520,0	8.000,0
9	8.000,0	520,0	0,0	520,0	8.000,0
10	8.000,0	520,0	8.000,0	8.520,0	0,0
		5.200,0			

Ratendarlehen (Beträge in Tsd. €)					
Jahr	Anfangsschuld	Zinsen	Tilgung	Zahlbetrag	Restschuld
1	8.000,0	520,0	800,0	1.320,0	7.200,0
2	7.200,0	468,0	800,0	1.268,0	6.400,0
3	6.400,0	416,0	800,0	1.216,0	5.600,0
4	5.600,0	364,0	800,0	1.164,0	4.800,0
5	4.800,0	312,0	800,0	1.112,0	4.000,0
6	4.000,0	260,0	800,0	1.060,0	3.200,0
7	3.200,0	208,0	800,0	1.008,0	2.400,0
8	2.400,0	156,0	800,0	956,0	1.600,0
9	1.600,0	104,0	800,0	904,0	800,0
10	800,0	52,0	800,0	852,0	0,0
		2.860,0			

Annuitätendarlehen (Beträge in Tsd. €)					
			Annuität =	**1.112,837520**	
Jahr	**Anfangsschuld**	**Zinsen**	**Tilgung**	**Zahlbetrag**	**Restschuld**
1	8.000,0	520,0	592,84	1.112,84	7.407,16
2	7.407,16	481,47	631,37	1.112,84	6.775,79
3	6.775,79	440,43	672,41	1.112,84	6.103,38
4	6.103,38	396,72	716,12	1.112,84	5.387,26
5	5.387,26	350,17	762,67	1.112,84	4.624,60
6	4.624,60	300,60	812,24	1.112,84	3.812,36
7	3.812,36	247,80	865,03	1.112,84	2.947,32
8	2.947,32	191,58	921,26	1.112,84	2.026,06
9	2.026,06	131,69	981,14	1.112,84	1.044,92
10	1.044,92	67,92	1.044,92	1.112,84	0,0
		3.128,38			

c) Die Restschuldverläufe sind unterschiedlich, dem entsprechend sind die Zinsbelastungen unterschiedlich hoch. Bei dem Festbetragsdarlehen sind die Zinsbeträge insgesamt am höchsten, weil der Kredit über die gesamte Zeit zur Verfügung steht. Beim Ratendarlehen ist die gesamte Zinsbelastung am geringsten, weil kontinuierlich jedes Jahr ein gleich hoher Betrag getilgt wird und die Zinszahlungen damit linear sinken. Beim Annuitätendarlehen ist die Zinsbelastung ca. 270 Tsd. € höher als beim Ratendarlehen. Das resultiert daraus, dass die Tilgung zu Beginn niedriger ist und erst mit fortschreitender Zeit zunimmt.

d) Trotz höherer Zinsen wäre es sinnvoll, bei einer Gebäudefinanzierung das Annuitätendarlehen zu wählen. Die Mieten aus dem Gebäude werden über die Jahre gleich bleibend sein, eher zunehmen. Dies korrespondiert mit den gleich hohen Raten der Annuität. Für die Silberbach GmbH & Co. KG entstünde anderenfalls in den ersten Jahren ein zusätzlicher Kreditbedarf.

Aufgabe 4:

a) Mit einem Avalkredit der Hausbank. Dies ist eine Bürgschaft, die von der Hausbank übernommen wird. Die Hausbank garantiert damit für die Zeit der Gewährleistung die Zahlungen aus einem möglichen Garantiefall, auch wenn die Silberbach GmbH & Co. KG zwischenzeitlich zahlungsunfähig werden sollte.

b) Die Silberbach GmbH & Co. KG stellt einen entsprechenden Antrag bei der Bank. Die Bank prüft den Antrag, stellt bei ausreichender Bonität die Garantieurkunde aus und übergibt diese an den Bauherrn. Der Silberbach GmbH & Co. KG wird die Avalprovision für die Garantie belastet.

Aufgabe 5:

a) Rechtlich gesehen ist ein Kredit ein Darlehen. Nach dem BGB ist das die Überlassung von Geld oder anderen vertretbaren Sachen mit der Vereinbarung, dass am Ende der vereinbarten Laufzeit Sachen gleicher Art, Menge und Güte zurückerstattet werden (§ 607 BGB). Der Kreditvertrag kommt dreischrittig zustande: Kreditantrag des Kreditnehmers an die Bank (juristisch = unverbindliche Anfrage); Kreditinstitut prüft und bewilligt dann den Kredit (= verbindliches Angebot an den Kreditnehmer); der Kreditnehmer erklärt durch seine Unterschrift unter dem Vertrag sein Einverständnis (= Annahme des Antrags).

b) Verbraucherkreditverträge sind schriftlich abzuschließen. Außerdem müssen folgende Bestandteile enthalten sein:

- der Nettodarlehensbetrag, gegebenenfalls die Höchstgrenze des Darlehens,
- den Gesamtbetrag aller vom Darlehensnehmer zu entrichtenden Teilzahlungen
- die Art und Weise der Rückzahlung des Darlehens,
- den Zinssatz und alle sonstigen Kosten des Darlehens, einschließlich der Vermittlungskosten,
- den effektiven Jahreszins oder den anfänglichen effektiven Jahreszins;
- die Kosten einer Restschuld- oder sonstigen Versicherung
- die zu bestellenden Sicherheiten.

c) Vertragspartner, Kreditzweck, Kreditbetrag, Zinssatz, Laufzeit und Regelung über die Rückzahlung, Sicherheiten

Aufgabe 6:

a) Veröffentlichte Jahresabschlüsse, Planungsunterlagen, Internet, Auskünfte von wichtigen Geschäftspartnern, SCHUFA

b) Positivmerkmale, wie Kontoeröffnungen, gewährte Kredite, Kreditarten, Bürgschaften; Negativmerkmale, wie eingeleitete Insolvenzverfahren, Scheckrückgaben, Zwangsvollstreckungsmaßnahmen, Kündigung von Krediten durch Banken

c) Weil sie rein schematisch die Informationen verarbeitet, die ihr von den Banken und gewerblichen Nutzern zugeleitet werden. Das bedeutet zunächst, dass die Informationen lückenhaft sein können. Zweitens bedeutet das, dass die SCHUFA selbst nicht aus eigenem Antrieb heraus Informationen einholt. Drittens wäre sie mit der differenzierten Erfassung von Geschäftsdaten gewerblicher Unternehmen überfordert.

d) Folgende Inforamtionen sollten eingeholt werden:

- Identifizierende Daten, wie Firma, Anschrift, Postfach, Kommunikationsdaten
- Rechtsform, Gründungsdaten, Handelsregistereintragungen, Anteilseigner, Geschäftsführer,
- Gegenstand des Unternehmens, Branchenschlüssel (gemäß statistischem Bundesamt),
- Beteiligungen an anderen Unternehmen,
- Niederlassungen und Betriebsstätten,
- Beurteilung der Finanzlage des Unternehmens und Zahlungserfahrungen, Immobilienbesitz

- Beurteilung der Geschäftsbeziehung, Höchstkreditvorschlag,
- Bewertung der finanziellen Lage anhand von Rankings, bzw. Bonitätsindizes (s.u.)
- Wiedergabe archivierter "Negativmerkmale" (z.B.: Haftanordnungen, Inkasso-Verfahren etc.)
- Bankverbindungen: Angabe des Kreditinstitutes, Angabe der Kontononummern
- Unternehmens-Kennzahlen zu Gewinn, Kosten, Finanzierung, Mitarbeiter, soweit das möglich ist.

Aufgabe 7:

a) Namen des Bürgen und des Gläubigers, Bezeichnung der Hauptverbindlichkeit, die Bürgschaftsklausel

b) Hiermit übernehme ich, Lena Silberbach, geboren am tt.mm.jj gegenüber der Unionsbank AG die Bürgschaft für die Rückzahlung des Kredites über 2.500.000 € aus dem Kreditvertrag zwischen meinem Mann, Hermann Silberbach und der Unionbank AG vom tt.mm.jj. Unterschrift:
(Zur Sicherheit ist eine juristische Prüfung der entsprechenden Bürgschaftserklärung sinnvoll.)

c) Nein, da sie eine Privatperson ist. Mündliche Bürgschaftserklärungen - wenn sich überhaupt jemand auf so etwas einlässt - können nur von Kaufleuten abgegeben werden.

d) Die Bank wird eine selbstschuldnerische Bürgschaft verlangen, weil sie möglichst schnell gegen Frau Silberbach vollstrecken möchte. Sie müsste im Falle einer Ausfallbürgschaft nämlich die gesamten Vollstreckungsmaßnahmen gegen die Silberbach GmbH & Co. KG durchgeführt haben, bevor sie an ihr Geld kommt.

e) Ich, Frau Lena Silberbach verzichte für den Bürgschaftsfall hiermit ausdrücklich auf die Einrede der Vorausklage.
(Zur Sicherheit ist eine juristische Prüfung der entsprechenden Bürgschaftserklärung sinnvoll.)

Aufgabe 8:

a) Durch die Sicherungsübereignung überträgt die Silberbach GmbH & Co. KG der Unionsbank zur Sicherung des Kredites das bedingte Eigentum an den genannten Wirtschaftsgütern, bleibt jedoch selbst Besitzer der Sache und kann diese nutzen.

b) Die Silberbach GmbH & Co. KG überträgt das Eigentum mit Hilfe eines Besitzkonstituts (Besitzmittlungsverhältnis) an die Unionsbank AG. Diese verpflichtet sich zur Rückübertragung des Eigentums, sobald die Schuld getilgt ist. Die Partner des Kreditvertrages unterschreiben die Vereinbarung. Die Gegenstände müssen in der Vereinbarung genau benannt sein und zum Zeichen des Eigentumsübergangs muss die Silberbach GmbH & Co. KG der Unionsbank die das Eigentum bezeugenden Papiere (Fahrzeugbrief, Maschinenschein etc.) übergeben.

c) Die Silberbach GmbH & Co. KG kann mit den Gegenständen arbeiten. Außerdem sind sie in der Bilanz als Vermögenswerte ausgewiesen. Die Sicherungsübereignung wird nach außen nicht sichtbar.

d) Die Sicherungsübereignung als dingliche Sicherung versetzt die Bank in die Lage, die Gegenstände zu verwerten, wenn der Schuldner in Zahlungsverzug kommt.

Aufgabe 9:

a) Hypothek oder Grundschuld als Grundpfandrechte auf das zu bauende Gebäude mit Grundstück; Hypothek wird in der Praxis heute nicht mehr angewendet.

b) Ein Grundpfandrecht ist die vertragliche Bestellung eines Pfandrechts an einer unbeweglichen Sache, also einer Immobilie. Dieses Recht ist unabhängig von den persönlichen Verhältnissen des Kreditnehmers. Die Entstehung und der Nachweis dieser Sicherheit erfolgt durch die Eintragung im Grundbuch.

c) Die Grundschuld ist die Belastung eines Grundstücks in der Weise, dass an den Begünstigten eine bestimmte Geldsumme aus dem Grundstück zu zahlen ist. Die Grundschuld ist also nicht an das Bestehen einer bestimmten Forderung gebunden. Sie ist abstrakt ("Grundschuld ohne Schuldgrund"). Die Unionsbank AG ist als Hausbank der Silberbach Verwaltungsgesellschaft mbH damit in einer günstigeren Position. Das Investment haftet für jede Forderung der Unionsbank AG gegenüber der Silberbach Verwaltungsgesellschaft mbH, also auch für Verbindlichkeiten aus anderen Krediten. Die Silberbach Verwaltungsgesellschaft mbH sollte allerdings auf einer Schutzklausel in Form eines Abtretungsausschlusses im Kreditvertrag bestehen, um zu verhindern, dass das Darlehen oder die Grundschuld ohne ihren Willen verkauft wird.

d) Buchgrundschuld und Briefgrundschuld: Die Silberbach Verwaltungsgesellschaft mbH wird die Briefgrundschuld verlangen. Die Briefgrundschuld entsteht durch Einigung, Eintragung und durch die zusätzliche Ausstellung und Übergabe eines Grundschuldbriefes an den Inhaber der Grundschuld. Mit diesem Brief lässt sich relativ schnell ein neues Kredit- und Sicherungsverhältnis aufbauen, weil nur der Brief übergeben werden muss und keine neue Eintragung im Grundbuch erfolgen muss. Das senkt auch die Kosten für Notar und Gericht. Auch hier gilt, dass die Vertragsgestaltung so sein muss, dass die Silberbach Verwaltungsgesellschaft mbH immer die Herrin des Verfahrens bleibt, es also ausgeschlossen wird, dass die Grundschuld ohne ihren Willen verkauft wird.

e) Die Unionsbank AG würde in einem solchen Fall das gesamte Gebäude unter Zwangsvollstreckung stellen. Die Zwangsvollstreckung wird in das Grundbuch eingetragen. Es findet eine öffentliche Versteigerung statt. Aus dem Erlös kann die Unionsbank ihre Forderungen ganz oder teilweise begleichen.

Lösungen zur 5. Übung: „Leasing und Factoring"

Aufgabe 1:

Gemeinsam ist diesen drei besonderen Finanzierungsinstrumenten, dass sie die finanzielle Situation verbessern helfen. In der Regel führt die Nutzung eines dieser drei Instrumente zu einer Bilanzverkürzung und damit zu einem günstigeren Verhältnis von EK und FK.

Beispiel 1: Die Ritter GmbH verkauft ein Firmengebäude im Buchwert von 1.000 Tsd. € an eine Leasinggesellschaft und mietet es zurück. Der Erlös wird zur Tilgung von kurz- oder langfristigen Verbindlichkeiten genutzt. Das Sachanlagevermögen würde 1.000 Tsd. € zurückgehen, gleichfalls auf der Passivseite das FK kleiner werden.

Beispiel 2: Der gleiche Effekt würde eintreten, wenn die Ritter GmbH einen großen Teil ihrer Forderungen verkaufen würde (Factoring oder Forfaitierung): Die Aktivseite würde abnehmen und mit den frei werdenden Mitteln könnten Verbindlichkeiten beglichen werden.

Beispiel 3: Wenn das Unternehmen aus der gegebenen Situation heraus das bevorstehende Investment nicht durch die Aufnahme eines weiteren Kredites, sondern durch Leasing finanzieren würde, käme es zu einer Kapazitätserhöhung/Modernisierung, ohne dass die Bilanz weiter aufgebläht würde und sich die EK/FK - Relation verschlechtern würde.

Aufgabe 2:

a) Monatliche Leasingausgaben:
30.000,00 € * 3,0 % = 900,00 €.

Gesamte Leasingkosten für drei Jahre (=36 Monate):
900,00 € * 36 Monate = 32.400,00 €

Durchschnittliche Gesamtkosten pro Jahr:
32.400,00 € : 3 = 10.800,00 € pro Jahr

b) Zu finanzieren sind:
1. Jahr: Anzahlung 20% aus 30.000,00 € = 6.000,00 €
d.h. Darlehen beträgt 30.000,00 € - 6.000,00 € = 24.000,00 €
davon 8% Zinsen = 24.000,00 € * 8 % = 1. 920,00 €

2. Jahr: Tilgung von 20% aus 24.000,00 € = 4.800,00 €
d.h. Darlehen beträgt 24.000,00 € - 4.800,00 € = 19.200,00 €
davon 8% Zinsen = 19.200,00 € * 8 % = 1.536,00 €

3. Jahr: Tilgung von 20% aus 19.200,00 € = 3.840,00 €
d.h. Darlehen beträgt 19.200,00 € - 3.840,00 € = 15.360,00 €
davon 8% Zinsen = 15.360,00 € * 8 % = 1.228,80 €

Zinsaufwand insgesamt: 1. 920,00 € + 1.536,00 € + 1.228,80 € = 4.684,80 €

c)

Kreditkosten (Zinsen)	4.684,80 €
+ Abschreibungen (Wertverlust des Fahrzeuges)	30.000,00 €
+ Eigenkapitalverzinsung für 20 % von 30.000,00 € = 6.000,00 € 6.000,00 € * 6% * 3 Jahre	1.080,00 €
- Restwert (verbleibt als „Wert" nach der Kreditlaufzeit noch beim Käufer)	4.500,00 €
= Gesamtkosten	31.264,80 €

d) Der Kauf des PKW ist bei den gegebenen Konditionen günstiger als das Leasing. Der Vorteil beträgt 1.135,20 €. Aus der reinen Kostensicht sollte der Ritter GmbH geraten werden, das Fahrzeug zu kaufen.

e) Eine Reihe von Gründen sprechen dafür, sonst wäre das Leasing in der deutschen Wirtschaft nicht so verbreitet: Beim Voll Service - Leasing braucht sich die Ritter GmbH kaum um die Verwaltung des Fahrzeuges kümmern: Von der Anmeldung über die Wartung und ggfs. durchzuführende Reparaturen (die natürlich der Ritter GmbH gesondert in Rechnung gestellt werden) bis hin zur Abmeldung und Verwertung des Restwertes übernimmt alles die Leasing-Gesellschaft. Ein weiterer finanzieller Vorteil könnte beim Leasing noch in steuerlichen und damit geldwerten Vorteilen liegen. Leasingraten mindern die gewinnabhängigen Steuern. Nach Ablauf der Mietzeit steht der Ritter GmbH wieder ein neues Fahrzeug zur Verfügung. Bei Maschinen ist das ein unschätzbarer technologischer Vorteil.

Aufgabe 3:

a) Die Forderungen müssen aus Lieferungen und Leistungen stammen; die Klienten sollten im produktiven Bereich (Handel/Produktion) aktiv sein und ihre Kunden sollten gewerbliche Abnehmer sein, die regelmäßig mit dem Klienten in einer Geschäftsbeziehung stehen; das Zahlungsziel sollte möglichst 90 Tage nicht überschreiten und die Forderung sollte eine gewisse Mindestgröße haben (i. d. R. höher als 500 Tsd. €).

b) Die Forderungen aus der Bilanz der Ritter GmbH betragen 2.560 Tsd. €. 50 % davon sind 1.280 Tsd. €. Das Geld könnte zu einem Teil für die Ablösung von kurzfristigen Verbindlichkeiten und zu einem Teil für die Finanzierung der neuen Investition verwendet werden.

c) Dienstleistungsfunktion: Der Factor könnte es übernehmen, die Rechnungen zu erstellen, die Debitorenbuchhaltung zu führen, das Mahnwesen durchzuführen und ggf. das Forderungsinkasso zu besorgen. Delkrederefunktion: Sie beinhaltet die Übernahme des Ausfallrisikos, d.h. der Factor verzichtet darauf, seinem Klienten die Forderungen zurückzubelasten, wenn dessen Kunden zahlungsunfähig werden.

Aufgabe 4:

a)

Ritter GmbH
Kosten-Nutzen-Analyse für Factoring

	Werte in €
1,8 % Factoringgebühr von 15 Mio. € Umsatzerlösen (50 % von 30 Mio.€)(einschl. Delcredereübernahme))	270.000
8 % Sollzinsen auf die in Anspruch genommenen Gelder:1.200.000,00 € abzüglich 180.000,00 € (= 15 %) = 1.020.000,00 €	81.600
weitere Gebühren	12.000
Summe der Kosten	**363.600**

2,0 % Skonto von 10,0 Mio.	200.000
Einkaufsvorteile	42.000
Kosteneinsparungen	83.200
entfallende Delcredere-Verluste	60.000
Summe der Vorteile	**385.200**

Ersparnis (Vorteile - Kosten)	**21.600**

b) Der Ritter GmbH kann wegen der Kosteneinsparung geraten werden, diesen Schritt zu tun, zumal sie damit ihre Bilanz ganz entscheidend entlasten könnte. Weitere positiven Aspekte liegen in der Reduzierung der Verwaltung und der Ausschaltung des Delkrederrisikos.

Lösungen zur 6. Übung: „Anlageformen für freie Liquidität"

Aufgabe 1:

a) Es handelt sich um Teilhaberpapiere. Sie verbriefen Mitgliedschaftsrechte an einer Gesellschaft, in diesem Fall einer AG; die wichtigsten Rechte sind das Stimmrecht und das Recht auf Dividende.

b) Zumeist werden drei Ziele mit dem magischen Dreieck verfolgt: hohe Liquidität, hohe Rentabilität und ein geringes Risiko. Die Liquidität ist mit dieser Anlageform sicher gegeben, kann sie doch innerhalb eines Tages wieder flüssig gemacht werden; die hohe Rentabilität ist sicher möglich, aber nicht sicher. Zumeist mit einem möglichen hohen Ertrag korrespondiert zumeist ein hohes Risiko. In einem unsicheren politischen und wirtschaftlichen Umfeld kann es schnell sein, dass die Aktien aus verschiedenen Gründen hohe Verluste einfahren.

c) Nein. Die Schmitz KG müsste für dieses Engagement einen Kredit aufnehmen. Bei einem riskanten Papier sollte das aus den Gründen kaufmännischer Vorsicht auf keinen Fall erfolgen. Selbst ohne Kreditaufnahme wäre ein solches Engagement fragwürdig. Ein gewerbliches Unternehmen ist kein Platz für Spieler, insbesondere weil Arbeitsplätze mit der wirtschaftlichen Entwicklung des Unternehmens verbunden sind.

Aufgabe 2:

a)

- schnelle Liquidierbarkeit
- nahezu risikofrei
- minimale Kosten
- nennenswerte Rendite
- möglichst ohne großen Aufwand zu buchen

b)

- Tagesgeld ist grundsätzlich o.k., fällt als Alternative aber aus, weil die Rendite wesentlich niedriger als das Festgeld ist.
- Das Festgeld für 30 Tage bringt eine gute Rendite und ist schnell verfügbar. Eine Disposition ist nach 30 Tagen erneut möglich.
- Industrieobligation: Der erhöhte Kaufkurs von 2 % für die Zeit von einem Vierteljahr kostet auf das Jahr hochgerechnet bereits 8 % der Rendite (Begründung: Das Unternehmen erhält nur den Normalwert = 100 % zurück. 2 % auf ein Vierteljahr bedeutet hochgerechnet auf ein Jahr (2 * 4 Quartale) = 8 %.). Hinzu kommen die Kosten, die auch auf das Jahr hochgerechnet noch einmal ca. 2,3 % der Rendite kosten (0,5 + 0,075 = 0,575; ergibt * 4 Quartale = 2,3 %). Ohne es auf Heller und Pfennig auszurechnen: Die Rendite dieses Papiers wird über die kurze Laufzeit nahezu völlig von den Kosten aufgezehrt. Sie fällt für diese Anlage aus.

Fazit: Das Festgeld ist für diesen Zweck vorzuziehen.

Aufgabe 3:

a) Bei der Bundesanleihe handelt es sich um ein Gläubigerpapier. Es verbrieft eine Schuld gegenüber dem Bund und hat nur Anrecht auf Zurückzahlung und Zahlung der Zinsen.

b)

100.000 € Nennwert zum Kurs von 101,5	101.500,00
+ Stückzinsen 105 Tage (1.1. bis 15.04.)	1.531,25
= Kaufwert (ausmachender Betrag)	103.031,25
+ Provision 0,5 % vom Kurswert	507,50
+ Courtage 0,75 ‰ vom Nennwert	75,00
= Kaufpreis der Wertpapiers	**103.613,75**

Aufgabe 4:

a)

100.000 € Nennwert zum Kurs von 102,1	102.100,00
+ Stückzinsen 86 Tage (1.7. bis 26.09.)	1.254,17
= Verkaufswert (ausmachender Betrag)	103.354,17
- Provision 0,5 % vom Kurswert	510,50
- Courtage 0,75 ‰ vom Nennwertt	75,00
Verkaufspreis des Wertpapiers	**102.768,67**

b)

Ertrag	
5,25 % p.a. von 100.000 am 1.7.07, 1.1.08, 1.7.08, für je ein Halbjahr	7.875,00
- Differenz zwischen Verkaufs- und Kaufpreis	- 845,08
- Depotgebühren	- 50,00
	6.979,92
Effektivrendite 6.979,92 für 521 Tage auf 103.613,75	**4,65 %**

Aufgabe 5:

a)

Kauf am 10.06.06	
3000 Aktien zum Kurs von 8,45	25.350,00
+ Provision 1,0 %	253,50
+ Courtage 0,8 ‰t	20,28
= Kaufpreis (Kapitaleinsatz)	**25.623,78**

b) 8,45 € : 0,72 € = 11,74 KGV. Dies bedeutet die Anzahl von Jahren, um mit dem eingeschätzten Jahresgewinn der Aktie die Anschaffungskosten der Aktie wieder hereinzubekommen (Amortisationsdauer).

c) Der Wert ist relativ niedrig. Das ist günstig, auch im Verhältnis zu den üblichen DAX-Werten.

Aufgabe 6:

a) Die Kapitalerhöhung beträgt 20 Mio. Das ist der vierte Teil des bisherigen Grundkapitals. Folglich beträgt das Bezugsverhältnis 4:1.

b) Die Schmitz KG hat 3000 Aktien. Das bedeutet, sie kann 3000 : 4 = 750 neue Aktien beziehen.

c) (10,20 € - 8,70 €) : 5 = 0,30 € pro Bezugsrecht.

d) Die Schmitz KG sollte das Bezugsrecht ausüben. Dafür sprechen zwei Erfahrungen:
1. Unternehmen, die ihr Kapital erhöhen, brauchen die Mittel, um wachsen zu können. Zumindest aktuell dürfte die Geschäftssituation gut sein.
2. Bei gut nachgefragten Aktien werden sich die Kurse nach der Kapitalerhöhung relativ rasch wieder anpassen. Das führt zu einem insgesamt gesehen guten Kursgewinn.

Diese Aussagen gelten natürlich nur vor dem Hintergrund einer insgesamt gesehen guten konjunkturellen Situation.

Aufgabe 7:

a)

Verkauf 12.05.08	
3000 Aktien zum Kurs von 10,60	31.800,00
- Provision 1,0 %	318,00
- Courtage 0,8 ‰	25,44
= Verkaufswert	31.456,56

b) Stellen Sie die Erträge und Aufwendungen der Aktie für den Zeitraum zusammen, in dem die Schmitz KG sie gehalten hat.

Erträge	Werte in €
Differenz zwischen Verkaufs- und Kaufpreis	5.832,78
+ Dividende 06: 3000 * 0,25	750,00
+ Dividende 07: 3000 * 0,35	1.050,00
+ Verkaufserlös Bezugsrecht (900,00 EUR - 1,08 % Kosten)	890,28
Summe Erträge	**8.523,06**
Aufwendungen	
Depotgebühr	420,00
Kommunikationsaufwendungen	80,00
= Summe Aufwendunge	**500,00**

c)

Summe Erträge	8.523,06
- Summe Aufwendungen	500,00
= Gewinn	8.023,06
Effektivverzinsung für 692 Tage (10.06.06 - 12.05.08)	**16,29 %**

Aufgabe 8:

a) Bei diesem Fonds beteiligt sich die Schmitz KG über den Erwerb von Kommanditanteilen an einem Einkaufszentrum. Wenn das gesamt erforderliche Kapital aufgebracht ist, wird der Fond geschlossen. Ein Handel kommt nur noch dann zustande, wenn ein Anleger seinen Anteil verkaufen will.

b) Vorteile: Erträge und Aufwändungen können direkt zugeordnet werden; die Rendite ist - wie beschrieben - höher als die umlaufende Rendite von Finanzierungsschätzen und Obligationen; eingeschränkt ergeben sich Steuervorteile.

Nachteile: Die Risiken dieses Fonds liegt in der Möglichkeit, dass die finanzierte Immobilie "am Markt vorbei" gebaut wurde und es nach 10 Jahren zu einem Mietermangel kommt; der Wert der Anlage könnte dann verfallen und die Schmitz KG käme nicht mehr heraus. Bei einem Verkauf würde ein Verlust realisiert.

2

Musterklausuren

Das Bearbeiten von Musterklausuren ist nicht nur für den zukünftigen Prüfungsteilnehmer interessant, sondern bietet die Möglichkeit, anhand von praktischen Aufgabenstellungen das im Kurs vermittelte Wissen anzuwenden.

Inhalt:

1. Musterklausur

Aufgabe 1: Zahlungsverkehr (20 Punkte)

Die Geschäftsführerin der Monimoda GmbH Antonia Schön hat bisher in ihren Geschäften lediglich das Bezahlen mit Bargeld akzeptiert.

Um den Umsatz zu steigern und weil Kartenzahlungen auch bei den Kunden immer beliebter werden, möchte die Geschäftsführerin Antonia Schön den Bereich Zahlungsverkehr in ihrem Geschäft optimieren und auf die heutige Zeit anpassen.

a) Erläutern Sie, was man im Rahmen der kartengestützten Zahlungssysteme unter den Verfahren "pay now", "pay later" und "pay before" versteht. (9 Punkte)

b) Frau Schön fragt Sie, was man unter Debitkarten versteht. Erläutern Sie ihr dies und gehen Sie hierbei auch auf mindestens vier rechtliche Vorraussetzungen im Rahmen der Nutzung von Debitkarten ein. (6 Punkte)

c) Frau Schön hat in verschiedenen Zeitungen und Magazinen immer wieder von "SEPA" gelesen. Erläutern Sie, was man unter "SEPA" versteht. Nennen Sie die drei dominierenden SEPA-Zahlungsinstrumente. (5 Punkte)

Aufgabe 2: Auslandszahlungsverkehr (18 Punkte)

Der Geschäftsführer des Maschinenbauunternehmens Schaub GmbH, Anton Schaub, ist gerade dabei, die entsprechenden Verträge für die Lieferung von Maschinen zur Folienproduktion an seinen Brasilianischen Geschäftspartner, der Firma Rodriguez, auszuarbeiten.

a) Herr Schaub weiß, dass Auslandsgeschäfte Risken mit sich bringen. Nennen und beschreiben Sie vier Risiken im Auslandsgeschäft. (8Punkte)

....

....

....

b) Die Schaub OHG möchte sicher gehen, dass den Maschinen beim Transport nach Brasilien nichts geschieht. Der Mitarbeiter Wolfgang Fröhlich hat letzte Woche einen Vortrag in der Volkshochschule zum Thema Außenhandel angehört. Im Rahmen einer Dienstbesprechung teilt Herr Fröhlich mit, dass es vorformulierte Vertragsbedingungen, die so genannten INCOTERMS gebe.
Erläutern Sie, was man unter den INCOTERMS versteht und geben Sie hierbei auch ein Beispiel. (3 Punkte)

....

....

....

c) Die beiden Geschäftspartner - Herr Schaub aus Deutschland sowie Herr Rodriguez aus Brasilien - haben ausgehandelt, dass sowohl Kosten- und Gefahrenübergang "ab Werk" auf den ausländischen Geschäftspartner übergehen sollen.
Auf welche Klausel der INCOTERMS haben sich die beiden Geschäftspartner geeinigt? Bitte nennen Sie die entsprechende Klausel, die Herr Schaub in den Vertrag mit aufnehmen wird. (1 Punkt)

....

....

....

d) Im Rahmen der Bearbeitung der Auslandsgeschäfte der Firma Schaub OHG möchte der Geschäftsführer Herr Schaub nunmehr eine entsprechende Arbeitsanweisung erarbeiten lassen, insbesondere was die Anwendung verschiedener Zahlungsinstrumente im Auslandszahlungsverkehr betrifft.
Erläutern Sie die beiden Zahlungsformen dokumentäre und nicht dokumentäre Zahlungsformen. (6 Punkte)

....

....

....

Aufgabe 3: Investitionsrechnung (26 Punkte)

Die Bäckerei Althoff möchte die Herstellung ihrer mit verschiedenen Füllungen versehenen und stadtbekannten Croissants steigern und hat hierfür ein Angebot zu zwei Spezialöfen eingeholt:

Der eine Ofen Typ 1 kann zu einem Preis von 60.000,00 € erworben, der Alternativofen Typ 2 kann zu einem Preis von 80.000,00 € erworben werden. Beide Öfen haben eine Nutzungsdauer von 5 Jahren. Bei beiden Geräten gibt es keinen Restwert. Der Zinssatz beträgt 6%. Die Bäckerei erhofft sich, mindestens 120.000 Croissants im Jahr herzustellen.

Für die Kalkulation stehen folgende Informationen zur Verfügung:

Jährliche Kosten	**Ofen 1**	**Ofen 2**
Reparatur	500,00 €	400,00 €
Energiekosten	700,00 €	550,00 €
Herstellungskosten pro Croissant	0,60 €	0,50 €
Sonstige Kosten	800,00 €	600,00 €

Mit Ofen 1 kalkuliert die Bäckerei einen Erlös pro Croissant von 2,50 €, mit Ofen 2 kalkuliert die Bäckerei einen Erlös pro Croissant von 2,80 €. Auf Basis von 120.000 Stück soll die Kalkulation erfolgen.

Die Bäckerei ist für ihre kreativen Rezepte sehr bekannt und hat in den vergangenen Jahren den Umsatz an Croissants in allen Variationen immer wieder steigern können.

a) Welcher Ofen ist hier vorteilhafter, wenn Sie die statische Gewinnvergleichsrechnung anwenden? Begründen Sie rechnerisch. (20 Punkte)

Werte in €	**Ofen 1**	**Ofen 2**
Anschaffungskosten		
Nutzungsdauer(Jahre)		
Zinssatz p. a.		
Erlöse pro Stück		
Produktionsmenge/Jahr		
Kosten		
Abschreibung / Jahr		
Zinsen/Jahr		
Sonstige Kosten / Jahr		
Reparatur / Jahr		
Energiekosten / Jahr		
Kosten für die Herstellung von 120.000 Stück		
Kosten gesamt		
Erlöse Gesamt		
Gewinn		

b) Der Bäckergeselle der Bäckerei Althoff hat neulich im Volkshochschulkurs Xpert Business Finanzwirtschaft gelernt, dass man mit dem Begriff der Investition im betriebswirtschaftlichen Sinn die Verwendung der durch Finanzierung beschafften Mittel zur Beschaffung von Vermögensgegenständen bezeichnet.

Nach welchen Merkmalen kann man Investitionsarten unterscheiden?
Erläutern Sie zwei Unterscheidungsmerkmale und nennen Sie hierbei jeweils ein Beispiel. (6 Punkte)

....

....

....

Aufgabe 4: Finanzierung (9 Punkte)

Die Wolf GmbH hat 1988 für umgerechnet 150.000,00 € ein benachbartes Grundstück erworben. Dieses Grundstück ist bis heute nicht genutzt worden und wird auch in den nächsten Jahren nicht genutzt werden.

Aus diesem Grunde veräußert der Geschäftsführer Klaus Wolf dieses nicht genutzte Grundstück an einen benachbarten Unternehmer zu einem Preis in Höhe von 300.000,00 €.

a) Nennen Sie die drei wichtigen Ziele der Finanzwirtschaft. (3 Punkte)

....

....

....

b) Unterscheiden Sie die offene und die stille Selbstfinanzierung an je einem Beispiel. (4 Punkte)

....

....

....

c) Um welche Finanzierung handelt es sich oben im Beispiel? Wie wird das Ergebnis dieser Art der Finanzierung noch bezeichnet? (2 Punkte)

....

....

....

Aufgabe 5: Anlageformen für freie Liquidität (27 Punkte)

Die Schneider GmbH hat im Rahmen der seinerzeit zur Verfügung stehenden freien Liquidität Aktien der CAMPUNEX AG gekauft, und zwar am 15.03. im Jahre 01 zum Kurs von 41,50 €. Insgesamt hat sie 3.000 Stück erworben. Am 20.07. im Jahre 04 verkauft sie die Aktien wieder zum Kurs von 55,60 €. Die Provision beträgt 1,0%, die Courtage beträgt 0,8 Promille. Die Depotgebühr für die drei Jahre beträgt anteilig 800,00 €. Ferner sind Verwaltungskosten in Höhe von 500,00 € entstanden.

Folgende Dividenden (Angabe Dividende für jeweils eine Aktie) hat die Schneider GmbH erhalten:

- Jahr 01: 0,55 €
- Jahr 02: 0,60 €
- Jahr 03: 0,45 €
- Jahr 04: 0,00 €

Im Mai 02 kam es bei der CAMPUNEX AG zu einer Kapitalerhöhung. Die Schneider AG hat jedoch nicht von ihrem Recht Gebrauch gemacht, junge Aktien zu erwerben. Im Mai 02 hatte sie ihre Bezugsrechte zum Kurs von 5,00 € verkauft. Hier fiel auch eine Provision von 1,0% an.

Der Geschäftsführer der Schneider GmbH, Herr Schlau, hat nunmehr eine Ertragsrechnung vom Controlling angefordert.

a) Erstellen Sie für Herrn Schneider die Ertragsrechnung zu oben aufgeführtem Geschäft und rechnen Sie ihm auch die Effektivrendite aus. (22 Punkte)

....

....

....

b) Herr Schneider hat aus einem weiteren Geschäft eine Summe in Höhe von 30.000,00 € erhalten, die er in einem Monat für ein neues Projekt benötigt. Er möchte diese Summe kurzfristig bei seiner Bank parken:

- Was versteht man unter dem "Magischen Dreieck der Geldanlage"? (3 Punkte)
- Welche Möglichkeiten an Anlageformen bieten sich ihm? Nennen Sie mindestens zwei Beispiele. (2 Punkte)

....

....

....

2. Musterklausur

Aufgabe 1: Zahlungsverkehr (12 Punkte)

Die Vasen Wolf KG stellt Keramikvasen in modernem Design her. Sie ist sowohl im deutschsprachigen Raum als auch im internationalen Geschäft durch das ausgefallene Design und die qualitative Verarbeitung sehr bekannt geworden und wird geschätzt.

a) Eine Mitarbeiterin im Verkauf hat mehrere Schecks zur Zahlung vorgelegt bekommen. Nun soll sie diese auf ihre rechtliche Wirksamkeit prüfen.

Nennen Sie die gesetzlichen Bestandteile eines Schecks. (6 Punkte)

....

....

....

b) Die Geschäftsführung der Vasen Wolf KG hat den gesamten Zahlungsverkehr mit Großkunden optimiert. Fast alle Abnehmer zahlen mittels Lastschrifteinzug.

Erläutern Sie kurz die beiden Lastschrifteinzugsverfahren Einzugsermächtigung und Abbuchungsauftrag. (6 Punkte)

....

....

....

Aufgabe 2: Auslandszahlungsverkehr (12 Punkte)

Aufgrund ihrer innovativen Ideen ist die Vasen Wolf KG auf dem internationalen Markt sehr bekannt geworden. Vor einer Woche hat das Unternehmen eine Anfrage erhalten, einen Kunden in Dubai zu beliefern.
Die beiden Geschäftspartner kennen sich noch nicht. Die Vasen Wolf KG möchte aber gerne das Geschäft machen, da sie auch nach Absatzmärkten in den Vereinten Arabischen Emiraten sucht.
Vor dem Hintergrund der Risiken im Auslandsgeschäft möchte das Unternehmen bei diesem Auftrag sicher gehen und hat sich für die Zahlungsform "Dokumentenakkreditiv" entschieden.

- Erläutern Sie, was man unter einem Dokumentenakkreditiv versteht und stellen Sie ausführlich den Ablauf eines Dokumentenakkreditivs dar.

....

....

....

Aufgabe 3: Finanzierung (26 Punkte)

Im Rahmen der Investitionen für die neue Zahnarztpraxis für innovative und moderne Zahnheilkunde "Gesunder Mund" schafft die junge Ärztin Dr. Sabine Felsenstolz zwei Zahnarztstühle mit integrierter Massagemöglichkeit für Rücken- und Nackenentspannung der Patienten, sowie ein Röntgengerät an.

Es liegen dazu folgende Informationen vor (Alle Angaben ohne die gesetzliche Umsatzsteuer):

Listenpreis pro Zahnarztstuhl:	25.000,00 €
Listenpreis Röntgengerät:	120.000,00 €
Transportkosten für beide Zahnarztstühle insgesamt:	2.500,00 €
Transportkosten Röntgengerät:	3.000,00 €
Montagekosten Röntgengerät:	1.000,00 €
Montagekosten jeweils pro Zahnarztstuhl:	2.000,00 €
Wartungskosten Röntgengerät:	2.000,00 €
Schulung Mitarbeiter Röntgengerät:	800,00 €
Einweisung Mitarbeiter Zahnarztstuhl:	200,00 €

Bei dem Röntgengerät und bei den Zahnarztstühlen wurden 15% Rabatt bei Begleichung der Rechnung innerhalb 10 Tagen vereinbart.

a) Eigen- und Fremdfinanzierung weisen unterschiedliche Merkmale auf.
Bitte nennen Sie 7 Merkmale der Eigenfinanzierung und 7 Merkmale der Fremdfinanzierung. (14 Punkte)

....

....

....

b) Ermitteln Sie nachvollziehbar den Kapitalbedarf für die im Rahmen des in der Aufgabenstellung beschriebenen Gesamtinvestments anzuschaffenden Zahnarztstühle und des Röntgengeräts. Entscheiden Sie in dem Zusammenhang auch darüber, welche Aufwendungen tatsächlich in die Anschaffungskosten hineingerechnet werden dürfen und nennen Sie diese. (12 Punkte)

....

....

....

Aufgabe 4: Finanzierung (10 Punkte)

Frau Dr. Felsenstolz hat ein neues Girokonto für die Zahnarztpraxis bei ihrer Bank eröffnet und hätte gerne auch einen Kontokorrentkredit.

a) Was versteht man unter einem Kontokorrentkredit und aus welchen Elementen setzen sich die Finanzierungsaufwendungen beim Kontokorrentkredit üblicherweise zusammen? (2 Punkte)

....

....

....

b) Nennen Sie zwei wesentliche Vorteile des Kontokorrentkredits. (2 Punkte)

....

....

....

c) Für die Beurteilung eines weiteren Kredits für die Praxis der Kundin Dr. Felsenstolz werden von der Bank Kreditfähigkeit und Kreditwürdigkeit geprüft.

- Erläutern Sie, was man unter Kreditfähigkeit und Kreditwürdigkeit versteht. (3 Punkte)

- Nennen Sie drei Beispiele an Unterlagen, die Frau Dr. Felsenstolz bei der Bank für die Kreditentscheidung vorlegen muss. (3 Punkte)

....

....

....

Aufgabe 5: Factoring **(20 Punkte)**

Die Sauber GmbH ist ein mittelständisches Unternehmen, das Reinigungsutensilien für Großunternehmen vertreibt. Das durchschnittliche Umsatzvolumen pro Jahr beträgt 10 Mio. €.

Der Geschäftsführer Oskar Reinlich hat sich mit dem Thema Factoring beschäftigt und plant, die Umsätze mittels dieser Sonderform der Finanzierung zu steigern.

a) Erläutern Sie den Begriff Factoring. Gehen Sie dabei auch auf die an dem Geschäft beteiligten Personen ein und auf die Funktionen des Factorings. (9 Punkte)

....

....

....

b) Oskar Reinlich von der Sauber GmbH hat bei einer Factoring-Gesellschaft ein Angebot erbeten. Das folgende Angebot liegt ihm vor: Hier ein Auszug des Angebots:

- Factoring-Gebühr inkl. Delkredere: 1,6% auf den durchschnittlichen Umsatz
- 10,0% Sollzinsen auf die in Anspruch genommenen Gelder
- Forderungen, die ankaufbar sind: 1 Mio. € von insgesamt 1,5 Mio. € des durchschnittlichen Forderungsbestands
- Auf einem Sperrkonto werden 20% der ankaufbaren Forderungen geparkt
- Sonstige Factoringgebühren: 6.500,00 €

Durch das Factoring könnte die Sauber GmbH Lieferverbindlichkeiten mit 3% skontieren. Der skontierbare Wareneinsatz beträgt pro Jahr 8 Mio. €. Darüber hinaus hat das Controlling des Unternehmens errechnet, dass durch Factoring Einsparungspotenziale in der Debitorenbuchhaltung in Höhe von 8.000,00 € erreicht werden können. Weitere Einkaufsvorteile werden mit 10.000,00 € kalkuliert.

Die Forderungsausfälle haben bisher 15.000,00 € betragen.

Stellen Sie in einer übersichtlichen Rechnung die Factoringkosten den Einsparungsvorteilen / Kostenvorteilen gegenüber, um herauszufinden, ob Factoring dem Unternehmen hier eine Ersparnis bringt. (11 Punkte)

....

....

....

Aufgabe 6: Anlageformen freier Liquidität (20 Punkte)

Der Geschäftsführer der Heinrich KG, Herr Emsig, hatte im Jahr 01 50.000,00 € an freier Liquidität zur Verfügung gehabt und hatte diesen Betrag in festverzinsliche Wertpapiere angelegt. Er gab daher am 01.04. im Jahr 01 seiner Bank den Auftrag, 50 Stück 4% Pfandbriefe der Beispiel BANK mit Zinsschein zu kaufen.

Der Kurs belief sich auf 98,5%; Zinstermine 1. Januar / 1. Juli. Der Nennwert je Stück beträgt 1.000,00 €. Die Rückzahlung sollte am 01.01. im Jahr 03 erfolgen.
Die Provision betrug 0,5% vom Kurswert, mind. vom Nennwert. Ferner fielen 0,75 Promille Courtage an.

Am 21.08. im Jahre 02 wurden die Wertpapiere zum Kurs von 99,50 veräußert.
Provision 0,5% vom Kurswert, mind. vom Nennwert sowie Courtage von 0,75 Promille vom Nennwert.

Insgesamt fielen Depotgebühren von 50,00 € an.

a) Was versteht man unter einem festverzinslichen Wertpapier?
Erläutern Sie kurz den Begriff und nennen Sie zwei Beispiele. (3 Punkte)

....

....

....

b) Der Geschäftsführer der Heinrich KG, Herr Emsig, bittet um eine Renditeberechnung des in der Aufgabe dargestellten Geschäfts. Stellen Sie ihm die Aufstellung ausführlich dar und berechnen Sie auch die Rendite des Geschäfts unter Berücksichtigung des Gesamtgewinns und des eingesetzten Kapitals. (17 Punkte)

....

....

....

3. Musterklausur

Von der Masterprüfungszentrale freigegebene Musterprüfung

Aufgabe 1: Auslandszahlungsverkehr (4 Punkte)

Die Althoff GmbH importiert 300 Drucker mit Scanmöglichkeit von einem Geschäftspartner aus New York. Die Drucker werden per Luftfracht verschickt.

Ein Auszug aus der 1. Kopie der Rechnung der Althoff GmbH (ins Deutsche übersetzt) ist hier aufgeführt:

Computer Ltd. New York
5 Mount Avenue, New York

Althoff GmbH
Beispielstr. 5
1231 Musterhausen
Deutschland

Rechnung New York 08.08.2009

Vertrags-Nr.: 2222322223

Unsere Lieferung vom 05.06.2009

300 Drucker mit Scanmöglichkeit	155.000,00 USD
Packkosten	500,00 USD
Frachtkosten/Sonstiges	6.000,00 USD
Gesamt	**161.500,00 USD**

Zahlbar bis 31.08.09
Bitte überweisen Sie den Betrag auf unser Konto Nr. 21252126, Example Bank, New York.
Komplette Daten zur Bankverbindung siehe Rückseite

Computer Ltd.

a) Um was für ein Zahlungsinstrument handelt es sich hier? (1 Punkt)

....

....

....

b) Muss eine Meldung an die Deutsche Bundesbank erfolgen? Begründen Sie kurz Ihre Meinung. (3 Punkte)

....

....

....

Aufgabe 2: Finanzierung (15 Punkte)

Die Fränze Ferdinand GmbH stellt hochwertige Holzschränke her. Die Möbel werden über exklusive Händler vertrieben. Das Unternehmen überlegt, in eine neue Holzverarbeitungsmaschine für die Herstellung der neuen Schränke Marke "Mediterran" zu investieren. Der Jahresabschluss 2010 sieht wie folgt aus:

Aktiva	**Fränze Ferdinand GmbH 31.12.2010 (alle Werte in Tausend €)**		**Passiva**
Anlagevermögen		**Eigenkapital**	
Sachanlagen	2.050,0	Gezeichnetes Kapital	1.010,0
Finanzanlagen	90,0	Rücklagen	750,0
Umlaufvermögen		Jahresüberschuss	280,0
Vorräte	1.555,0	**Fremdkapital**	
Forderungen	1.572,0	Langfristige Verbindlichkeiten	1.980,0
liquide Mittel und sonstige Posten	51,0	Kurzfristige Verbindlichkeiten	1.298,0
Bilanzsumme	**5.318,0**	**Bilanzsumme**	**5.318,0**

(Vereinfachte Darstellung - ohne Darstellung Vorjahre und Veränderungen)

a) Stellen Sie den Zusammenhang von Investition und Finanzierung anhand eines Beispiels dar. (2 Punkte)

....

....

....

b) Einige wichtige Finanzierungsregeln beziehen sich auf die Kapitalstruktur. Die Geschäftsführung bittet die Abteilung Rechnungswesen, die Kapitalstruktur für das Geschäftsjahr 2010 zu berechnen.

Ermitteln Sie die Eigenkapitalquote, den Verschuldungsgrad und den Grad der Selbstfinanzierung der Fränze Ferdinand GmbH für das Jahr 2010 und beurteilen Sie die Ergebnisse. Der Geschäftsführer hat in einem Fachmagazin gelesen, dass die durchschnittliche Eigenkapitalquote bei holzverarbeitenden Unternehmen zwischen 13 und 25 % liegen würde. Die Geschäftsergebnisse liegen im Vergleich zu 2009 ähnlich.

(5 Punkte)

....

....

....

c) Wie aus der Bilanz ersichtlich, hatte die Fränze Ferdinand GmbH einen Jahresüberschuss in Höhe von 280,0 Tsd € erzielt. Für das aufgenommene Fremdkapital hat das Unternehmen im Jahre 2010 Fremdkapitalzinsen in Höhe von 160,0 Tsd € gezahlt. Der durchschnittliche Fremdkapitalzinssatz hat 6% betragen.

- Berechnen Sie die Eigenkapitalrentabilitiät und Gesamtkapitalrentabilität des Unternehmens und erläutern Sie hierbei, was man unter dem Leverage - Effekt versteht. (5 Punkte)

- Beurteilen Sie kurz, ob die Fränze Ferdinand GmbH die Finanzierung der neuen Investition eher durch fremde oder durch eigene Mittel vornehmen sollte. (3 Punkte)

....

....

....

Aufgabe 3: Kapitalbeschaffung und Kredite (18 Punkte)

Kreditgeschäft:

Das Großunternehmen, die Minimixa AG, plant den Bau einer neuen Lagerhalle. Die Kosten betragen 1.000.000,00 Mio. €. Die Hausbank der Minimixa AG bietet ein Annuitätendarlehen mit folgenden Konditionen an:

- Zinsen p.a.: 6,5 %
- Darlehenssumme: 1 Mio. €
- Laufzeit des Darlehens: 5 Jahre

a) Erläutern Sie kurz die Unterschiede zwischen Ratendarlehen und Annuitätendarlehen. (4 Punkte)

....

....

....

b) Erklären Sie den Unterschied zwischen Nominalzins und Effektivzins. (2 Punkte)

....

....

....

c) Wie hoch ist die jährliche Annuität im Angebot der Hausbank an die Firma Minimixa? Errechnen Sie hierbei den Annuitätenfaktor mit der Formel. (2 Punkte)

....

....

....

d) Stellen Sie einen Zins- und Tilgungsplan für dieses Darlehen auf. (10 Punkte)

Jahr	Zinsen in EUR	Tilgung in EUR	Annuität	Restschuld
1				
2				
3				
4				
5				

....

....

....

Aufgabe 4: Sicherheiten (12 Punkte)

Der Geschäftsführer der Minimixa AG Herr Emsig möchte ein kleines Ferienhaus an der Ostsee erwerben. Für das Ferienhaus möchte er maximal eine Summe in Höhe von 80.000,00 € ausgeben.

Er kann seiner Hausbank folgende Sicherheiten anbieten:

- Sein Privathaus in Stuttgart, lastenfrei
- Sein Gemälde des berühmten Malers van Asten
- Sein Geländewagen

◆ Erläutern Sie, um welche Sicherheiten es sich hier handelt: Gehen Sie bei der Definition der Sicherheiten auch darauf ein, wie diese entstehen und wer Besitzer und Eigentümer wird.

....

....

....

Aufgabe 5: Finanzplanung / Cash Management (23 Punkte)

a) Was ist ein Cash-Flow und welche Erkenntnisse lassen sich aus einem Cash-Flow-Status gewinnen? (5 Punkte)

....

....

....

b)

- Erstellen Sie für die Fränze Ferdinand GmbH mit Hilfe der nachfolgenden Angaben einen Finanzplan für die Monate April, Mai und Juni. (14 Punkte)

Zahlungsmittelbestand am 31.03.2009	- 40.000 €
Geplante Umsatzerlöse pro Monat	615.000 €
Erwartete Ausgaben pro Monat	580.000 €
Tatsächliche Einnahmen und Ausgaben im April	
Umsatzerlöse	390.000 €
Sonstige Erlöse	16.520 €
Materialaufwendungen	107.265 €
Personal- und Steueraufwendungen	250.140 €
Sonstige Aufwendungen	29.000 €
Tatsächliche Einnahmen und Ausgaben im Mai	
Umsatzerlöse	420.000 €
Sonstige Erlöse	20.000 €
Materialaufwendungen	140.000 €
Personal- und Steueraufwendungen	340.000 €
Sonstige Aufwendungen	26.040 €

Finanzplan II. Quartal	April	Mai	Juni
Vortrag vom Vormonat			
Einnahmen			
Summe Einnahmen			
Ausgaben			
Summe Ausgaben			
Monats-Defizit			
Monats-Überschuss			
Gesamt-Defizit			
Gesamt-Überschuss			

- Welche Maßnahmen können im Juni ergriffen werden? (4 Punkte)

....

....

....

Aufgabe 6: Leasing (20 Punkte)

Die Emilia Stein GmbH ist durch die Herstellung von Schmuck bekannt geworden. Sie hat nunmehr ein Ladengeschäft in Stuttgart eröffnet. Den dort beschäftigten Mitarbeiterinnen und Mitarbeitern möchte die Geschäftsführung erstmalig einen Dienstwagen zur Verfügung stellen, da die Mitarbeiter für Besuche bei Kunden mobil sein müssen.

Es stellt sich die Frage, ob dieses Fahrzeug geleast werden oder über einen Bankkredit finanziert werden sollte.

a) Nennen Sie drei Vorteile und drei Nachteile des Leasings. (6 Punkte)

....

....

....

b) Soll das Unternehmen sich nun für das Leasing oder für die Bankfinanzierung entscheiden? Begründen Sie rechnerisch mit Hilfe der unten aufgeführten Informationen. (14 Punkte)

Leasing:
Anschaffungskosten des PKW: 30.000,00 €
Betriebliche Nutzungsdauer: 4 Jahre
Abschreibungsart: linear

- **Angebot der Beispiel Bank AG:**
  Darlehensbetrag: 30.000,00 €, Auszahlung 100%
  Zinssatz: 5,75 % p.a. zahlbar am Jahresende
  Tilgung: 25 % der Darlehenssumme pro Jahr am Ende des Jahres
- **Angebot der Beispiel Leasing AG:**
  Dreijährige Grundmietzeit mit einer monatlichen Rate von 3% der Anschaffungskosten.
  Bei einer Vertragsverlängerung nach der Grundmietzeit verringert sich die monatliche Leasingrate auf 2,5 % der Anschaffungskosten.

			Kredit			Leasing
Jahr	Restdarlehen	Zinsen	Tilgung	Abschreibung	Aufwendung	Leasingrate
1						
2						
3						
4						

....

....

....

Aufgabe 7: Anlageformen freier Liquidität (8 Punkte)

Die IDXI AG plant im Frühjahr eine Kapitalerhöhung von 90 Mio. € auf 120 Mio. €. Der Aktienkurs vor Herausgabe der jungen Aktien beträgt 9,00 €. Die IDXI AG wird die Aktien zum Vorzugskurs von 7,90 € auf den Markt bringen. Die Althoff GmbH besitzt 1.500.00 Aktien an der IDXI AG.

a) Erläutern Sie kurz, was eine Aktie ist. (2 Punkte)

....

....

....

b) Wie viele neue Aktien kann die Althoff GmbH erwerben? (2 Punkte)

....

....

....

c) Was kann die Althoff GmbH tun, wenn sie keine neuen Aktien erwerben möchte? Gehen Sie hierbei auch auf den Erlös ein, den sie durch diese Aktion erzielen würde. (4 Punkte)

....

....

....

Lösungen zur 1. Musterklausur

Aufgabe 1: Zahlungsverkehr (20 Punkte)

a)

Pay-before-Zahlungen:	Pay-later-Zahlungen:	Pay-now-Zahlungen:
■ Das Verfahren wird auch als prepaid-Verfahren bezeichnet. ■ Die ausgegebenen Karten werden mit einem bestimmten Betrag bei Bedarf vorgeladen und dem Konto belastet. ■ Alle Käufe werden dadurch quasi im Voraus bezahlt. ■ Abrechnungsart ist typisch für die Geldkarte und alle vorgeladenen Karten, die für den der Ladesumme entsprechenden Betrag verkauft werden (z.B. Telefonkarten für Mobiltelefone).	■ Der Kontoinhaber erhält Belastung mit dem Zahlbetrag erst später. ■ Abrechnung ist typisch für in Deutschland ausgegebene Kreditkarten und Kundenkarten mit Zahlungsfunktion.	■ Ist die Belastung des Girokontos unmittelbar nach Zeitpunkt des Zahlvorgangs. ■ Ist typisch für Debitkarten (z.B. Sparkassencard, Bankcard). ■ Diese Karten erhält der Kontoinhaber bei Eröffnung eines Gehaltskontos standardmäßig.
(3 Punkte)	(3 Punkte)	(3 Punkte)

b) Debitkarten geben Kreditinstitute an diejenigen heraus, die bei ihnen ein Konto führen. Die Debitkarte hat vielfältige Funktionen:

Mit Eingabe PIN:	Ohne Eingabe PIN:
■ Abhebung Bargeld am Geldautomat ■ Bezahlung im POS-System ■ Geschäfte am Selbstbedienungsautomaten der Bank erledigen	■ Kontoauszüge am Auszugsdrucker ziehen ■ am Automaten oder Geldkartenterminal vom Chip bezahlen

Rechtliche Voraussetzungen:

- Aufbewahrung mit großer Sorgfalt
- Geheimzahl darf nur Kontoinhaber bekannt sein
- Bei Verlust: sofort Bank informieren. Gleichfalls Verlust beim zentralen Sperrannahmedienst der jeweiligen Bank melden
- Bei Diebstahl der Karte - Polizei informieren
- Der Karteninhaber darf Verfügungen mit seiner Karte nur in dem Rahmen vornehmen, die seinem Guthaben oder einem eingeräumten Dispositionskredit entsprechen
- Bei dreimaliger falscher Eingabe der Geheimzahl kann die Karte nicht mehr genutzt werden
- Bank übernimmt gegenüber Zahlungsempfängern eine Zahlungsgarantie für die mit der Karte bezahlten Beträge
- Bank ist berechtigt, bei nicht genehmigten Überziehungen die Karte zu sperren und den Einzug z. B. am Geldautomat zu veranlassen. (6 Punkte)

c) SEPA bedeutet abgekürzt Single Euro Payments Area und ist ein einheitlicher Euro-Zahlungsverkehrsraum, in dem alle Zahlungen wie inländischen Zahlungen behandelt werden. Im SEPA wird nicht mehr zwischen nationalen und grenzüberschreitenden Zahlungen unterschieden. Bankkunden können über SEPA bargeldlose Euro-Zahlungen von einem einzigen Konto vornehmen und hierbei einheitliche Zahlungsverkehrsinstrumente europaweit nutzen.

Durch die Vereinheitlichung können Bankkunden zukünftig ihren gesamten Euro-Zahlungsverkehr über eine beliebige Bank im Euroraum abwickeln. Langfristiges Ziel von SEPA ist die Abschaffung nationaler Instrumente und Verfahren. Aktuell konzentriert man sich auf die Entwicklung der drei in Europa dominanten Zahlungsinstrumente:

- SEPA-Kartenzahlung (seit Januar 2008)
- SEPA-Überweisung
- SEPA-Lastschrift (ab November 2009) (5 Punkte)

Aufgabe 2: Auslandszahlungsverkehr (18 Punkte)

a) (8 Punkte)

Wirtschaftliche Risiken als Exporteur:	**Politische Risiken:**
z.B. Zahlungsverzug, Zahlungsunfähigkeit, Vertragsbruch des Geschäftspartners während der Phase einer Produktion	z.B. Beschlagnahme von Waren, Ausfuhrverbote; Politische Risiken können durch Kriege, Revolution oder auch entsprechenden Handlungsweisen von Regierungen entstehen
Wirtschaftliche Risiken als Importeur:	**Währungsrisiken:**
z.B. Vertragsbruch des Exporteurs, Qualität der abgerufenen Ware ist schlecht, Ware ist beschädigt	Gefahr des Verlusts aufgrund Schwankungen der Kurse der Währungen der jeweiligen Geschäftspartner
Risiko beim Transport:	
z.B. Ware wird beim Transport beschädigt oder geht verloren	

b) Die INCOTERMS (International Commercial Terms) wurden von der der Internationalen Handelskammer Paris (International Chamber of Commerce) entwickelt. Dies sind Richtlinien, die im Auslandsgeschäft allgemein Annerkennung finden. Die INCOTERMS regeln den Gefahren- und Kostenübergang. Da diese international gebräuchlichen Bedingungen keine Gesetzte sind, müssen sie im Vertrag entsprechend mit aufgeführt werden. (3 Punkte)

c) "Ex Works ... (Name Ort des Werks)" (1 Punkt)

d) Nicht dokumentäre Zahlungen (clean payments) sind Scheckzahlungen und internationale Überweisungen, die das Vertrauen des Exporteurs in die Zahlungsfähigkeit des Importeurs voraussetzen. Der Exporteur schickt dem Importeur lediglich eine Handelsrechnung und erwartet dann den Zahlungseingang. Es erfolgt keine Absicherung durch Dokumente.
Bei dokumentären Zahlungen, wie z.B. Dokumenteninkasso oder Dokumentenakkreditiv (unwiderruflich), kann der Exporteur seine Risiken (z.B. Absatz- und Zahlungsrisiko) durch die Dokumente begrenzen. Der Exporteur erhält vom Spediteur Dokumente, die dem Importeur erst nach Zahlung ausgehändigt werden.
(6 Punkte)

Aufgabe 3: Investitionsrechnung (26 Punkte)

a)

Werte in €	Ofen 1	Ofen 2
Anschaffungskosten	60.000,00	80.000,00
Nutzungsdauer(Jahre)	5	5
Zinssatz p. a.	6 %	6 %
Erlöse pro Stück	2,50	2,80
Produktionsmenge/Jahr	120.000	120.000
Kosten		
Abschreibung / Jahr	12.000,00	16.000,00
Zinsen/Jahr	1.800,00	2.400,00
Sonstige Kosten / Jahr	800,00	600,00
Reparatur / Jahr	500,00	400,00
Energiekosten / Jahr	700,00	550,00
Kosten für die Herstellung von 120.000 Stück	72.000,00	60.000,00
Kosten gesamt	87.800,00	79.950,00
Erlöse Gesamt	300.000,00	336.000,00
Gewinn	212.200,00	256.050,00

Gewinndifferenz: 43.850,00 €.
Unter Berücksichtigung der statischen Gewinnvergleichsrechnung ist Ofen 2 vorteilhafter. (20 Punkte)

b) Unterscheidungsmerkmale:

- Nach der Art der Vermögensgegenstände:
  - Finanzinvestition: z.B. Erwerb von Beteiligungen an anderen Unternehmen
  - Sachinvestition: z.B. Investition in Maschinen

  Es können auch weitere Beispiele zu Immaterielle Investitionen genannt werden.

- Nach dem Anlass der Investition:
  - Erstinvestition: z.B. Gründungsinvestition bei Eröffnung des Betriebs
  - Erweiterungsinvestition: z.B. bei Erhöhung der Kapazitäten durch Investition in ein weiteres Fließband

  Es können auch weitere Beispiele zu Ersatzinvestition genannt werden. (6 Punkte)

Aufgabe 4: Finanzierung (9 Punkte)

a) Ziele der Finanzwirtschaft:

- Liquidität
- Rentabilität
- Dispositionsfreiheit (3 Punkte)

b)

- **Offene Selbstfinanzierung:**
Die nicht ausgeschütteten Teile des erzielten Gewinns werden als offene Gewinnrücklagen in der Bilanz ausgewiesen.
Beispiel: Gesellschafter und Geschäftsführung einer GmbH entscheiden, die Hälfte des erzielten Jahresgewinns im Unternehmen zu belassen und für eine größere Investition im folgenden Geschäftsjahr zu nutzen.
- **Stille Selbstfinanzierung:**
Sie entsteht durch die Unterbewertung von Aktivpositionen oder Überbewertung von Passivpositionen in der Bilanz.
Beispiel: Die GmbH hat in Ihrem Anlagevermögen einen LKW mit einem Restbuchwert von 2.000,00 € in der Bilanz stehen. Tatsächlich hat der LKW nach Marktlage noch einen Verkaufswert von 5.000,00 €.
(4 Punkte)

c) Es handelt sich um eine stille Selbstfinanzierung, die in Form einer stillen Reserve nicht aus der Bilanz ersichtlich ist. Die Ankaufskosten bilden die bilanzielle Obergrenze.
Erst mit dem Verkauf des Grundstücks wird die stille Reserve von 150.000,00 € realisiert und dient dann der Finanzierung. (2 Punkte)

Aufgabe 5: Anlageformen für freie Liquidität (27 Punkte)

a)

Ankauf 15.03. Jahr 01 3.000 Aktien Kurs 41,50	124.500,00 €
+ Provision 1%	1.245,00 €
+ Courtage 0,8 Promille	99,60 €
Kapitaleinsatz	125.844,60 €

Verkauf 20.07. Jahr 04 3.000 Aktien Kurs 55,60	166.800,00 €
- Provision 1%	1.668,00 €
- Courtage 0,8 Promille	133,44 €
Verkaufspreis	164.998,56 €

Erträge:

Kursgewinn (VK-Preis - Kaufpreis)	39.153,96 €
+ verkaufte Bezugsrechte (3.000,00 x 5 - Provision 1,0%)	14.850,00 €
+ Dividende Jahr 01	1.650,00 €
+ Dividende Jahr 02	1.800,00 €
+ Dividende Jahr 03	1.350,00 €
Summe Erträge	58.803,96 €

Aufwendungen:

+ Depotgebühren für drei Jahre	800,00 €
+ sonstige Aufwendungen (Verwaltung)	500,00 €
Summe Aufwendungen	1.300,00 €

Summe Erträge	58.803,96 €
Summe Aufwendungen	1.300,00 €
Gesamtgewinn für 1.205 Tage (15.3.01 - 20.7.04)	57.503,96 €

Bei Berechnung: Monat = 30 Tage, Jahr = 360 Tage

$$\text{Effektivrendite:} = \frac{57.503{,}96 \times 100 \times 360}{125.844{,}60 \times 1.205} = 13{,}65\ \%\ \text{p.a.}$$

Kleinere abweichende Rundungsdifferenzen tolerabel.

(Erstellung Abrechnung 20 Punkte,
Errechnung Effektivrendite 2 Punkte)

b)

- **Magisches Dreieck der Geldanlage:**
  Jede Geldanlage verfolgt verschiedene Ziele: hohe Rendite, geringes Risiko, hohe Liquidität.
  Alle drei Ziele können nie gleichzeitig erfüllt werden, sie stehen vielmehr in Konkurrenz miteinander.
  Sie befinden sich in einem Zielkonflikt, weil nie alle Ziele gleichzeitig erreicht werden können.
  (3 Punkte)

- **Mögliche Anlageformen:**
  Termingeld (30 Tage), eventuell Geldmarktfonds, Festgeld (2 Punkte)

Lösungen zur 2. Musterklausur

Aufgabe 1: Zahlungsverkehr (12 Punkte)

a) Gesetzliche Bestandteile Scheck:

1. Bezeichnung als Scheck im Text der Urkunde
2. Unbedingte Anweisung, eine bestimmte Summe Geld zu zahlen (in Worten)
3. Name des bezogenen Kreditinstituts
4. Angabe des Zahlungsortes
5. Angabe des Tages und des Orts der Ausstellung
6. Unterschrift des Ausstellers (6 Punkte)

b)

- **Einzugsermächtigung:**
  Schuldner erteilt eine schriftliche jederzeit widerrufliche Ermächtigung, von seinem Konto fällige Beträge per Lastschrift einzuziehen. Schuldner hat ein Widerspruchsrecht.
- **Abbuchungsauftrag:**
  Schuldner erteilt seiner Bank den schriftlichen jederzeit widerruflichen Auftrag, eingehende Lastschriften des im Abbuchungsauftrag genannten Gläubigers von seinem Konto abzubuchen.
  Unterschied zum Einzugsermächtigungsverfahren: Einer einmal vollzogenen Lastschrift auf seinem Konto kann der Schuldner nicht widersprechen. (6 Punkte)

Aufgabe 2: Auslandszahlungsverkehr (12 Punkte)

Mit dem Dokumentenakkreditiv (unwiderruflich) kann das Unternehmen weitgehendst sicher sein. Ein Dokumentenakkreditiv ist ein im Auftrag des Importeurs von seinem Kreditinstitut abgegebenes abstraktes Schuldversprechen, innerhalb einer festgelegten Frist gegen Vorlage akkreditivgemäßer Dokumente an den Exporteur die versprochene Zahlung zu leisten. Das Akkreditiv ist losgelöst vom Grundgeschäft. Entscheidend bei der Ausführung sind die Dokumente. Das Dokumentenakkreditiv biete eine hohe Sicherheit für beide Geschäftspartner, vor allem dann, wenn noch kein Vertrauensverhältnis aufgebaut wurde.
Der Zahlungsablauf folgt klaren Regeln der einheitlichen Richtlinien und Gebräuche für Dokumentenakkreditive der Internationalen Handelskammer Paris. (2 Punkte)

- **Ablauf:**

1. Exporteur und Importeur schließen einen Vertrag über die Lieferung von Waren und vereinbaren als Zahlungsbedingung " d/p credit".
2. Der Importeur erteilt seiner Hausbank einen Antrag auf die Eröffnung eines Akkreditivs als Geschäftsbesorgungsvertrag.
3. Die Hausbank des Importeurs sendet das Akkreditv-Eröffnungsschreiben an das Kreditinstitut des Exporteurs.
4. Dem Exporteur geht ein Avisierungsschreiben seiner Hausbank zu, dem er entnehmen kann, dass das Akkreditiv eröffnet ist.
5. Der Exporteur übergibt die Ware dem Spediteur und erhält im Gegenzug die Dokumente.
6. Die Dokumente werden vom Exporteur beim avisierenden Kreditinstitut eingereicht.

7. Das avisierende Kreditinstitut prüft die Dokumente und stellt fest, ob Übereinstimmung mit den Akkreditivbedingungen besteht. Dann erhält der Exporteur den vereinbarten Betrag ausgezahlt.

8. Avisierende Bank übersendet die Dokumente an die Akkreditivbank und belastet den Dokumentengegenwert sowie mögliche Entgelte und Auslagen.

9. Die Akkreditivbank sendet die Dokumente an den Importeur und belastet gleichzeitig sein bei ihr geführtes Konto mit dem Dokumentengegenwert so wie den Entgelten und Spesen.

10. Gegen Aushändigung der Dokumente kann der Importeur die Ware in Empfang nehmen.

(10 Punkte)

Aufgabe 3: Finanzierung (26 Punkte)

a) (14 Punkte)

Eigenfinanzierung	Fremdfinanzierung
führt zu Erfolgsbeteiligung	hat keinen Anspruch auf Erfolgsbeteiligung
haftet Gläubigern	haftet nicht
unterliegt keinen festen Auszahlungsansprüchen	hat einen festen (Rechts-)Anspruch auf Tilgung und Zinsen
begründet einen relativen Anspruch auf Gewinn, der von der Gewinnhöhe abhängt	begründet einen Nominalanspruch, der von Tilgungs- und Zinsraten abhängt
wird auf unbefristete Zeit überlassen	wird für eine bestimmte Frist überlassen
begründet direkte oder indirekte Mitwirkungsrechte bei der Unternehmensleitung	begründet keinerlei Leitungsrechte (Ausnahmen: Mitentscheidungsrechte bei großen fremdfinanzierten Investitionen
führt nicht zu Kosten	Kosten wie z.B. Zinsen, Bearbeitungsgebühr, Notar- und Gerichtskosten, Sicherheiten

b)

Zahnarztstühle:	
Stühle 2 x 25.000,00 €	50.000,00 €
- 15 % Rabatt	-7.500,00 €
+ Anschaffungsnebenkosten:	
Transport	2.500,00 €
Montagekosten 2 x 2.000,00 €	4.000,00 €
Voraussichtliche Anschaffungskosten	49.000,00 €

Röntgengerät:	
Gerät	120.000,00 €
- 15 % Rabatt	-18.000,00 €
+ Anschaffungsnebenkosten:	
Transport	3.000,00 €
Montagekosten	1.000,00 €
Voraussichtliche Anschaffungskosten	106.000,00 €

Anschaffungskosten gesamt: 155.000,00 €

Kosten für Wartung sowie Schulung gehören nicht in die Anschaffungskosten und werden hier somit nicht eingerechnet.

(12 Punkte)

Aufgabe 4: Finanzierung (10 Punkte)

a) Kontokorrentkredit: Konto mit Kreditrahmen - laufende Rechnung. Mit dem KK-Kredit kann der Kreditnehmer über sein Kontokorrentkonto einen Kredit bis zu einer festgesetzten Kredithöhe in Anspruch nehmen.

Die Finanzierungsaufwendungen setzen sich üblicherweise zusammen aus:

- Nettozinssatz oder Sollzinssatz,
- Kreditprovision oder Bereitstellungsprovision
- Umsatzprovision
- Überziehungsprovision bei Überziehung (2 Punkte)

b) Elastisches Finanzierungsmittel. Zinsen werden nur für den jeweils in Anspruch genommenen Betrag gezahlt. Der nicht ausgenutzte Teil kann als Liquiditätsreserve genutzt werden. (2 Punkte)

c)

◆

Kreditfähigkeit:	Fähigkeit, rechtswirksam Kreditverträge abzuschließen (z.B. Vorlage Personalausweis)
Kreditwürdigkeit:	■ Persönliche Kreditwürdigkeit: Persönliche Integrität des Kreditnehmers, Charakter, Know How, Professionalität, Zuverlässigkeit ■ Materielle Kreditwürdigkeit: Hierzu gehört die Beantwortung der Frage, ob die wirtschaftlichen Verhältnisse geordnet sind, ob die Vermögenslage mit. Den vorhandenen Sicherheiten zufrieden stellend ist.

(3 Punkte)

◆ Vorlage Selbstauskunft, Vermögensaufstellung, Finanzplanung, Liquiditätsplanung,Businessplan Praxis, Lebenslauf Ärztin (3 Punkte)

Aufgabe 5: Factoring **(20 Punkte)**

a) **Factoring:**

- kurzfristige Finanzierung von Forderungen
- regelmäßiger Verkauf von kurzfristigen Forderungen aus Lieferungen und Leistungen vor Fälligkeit an eine Factoring-Gesellschaft
- Beteiligte: Verkäufer als Gläubiger der Forderung, der Schuldner der Forderung, die Factoring-Gesellschaft als zwischengeschaltetes Finanzierungsinstitut

Funktionen Factoring:
Je nach Vertragsgestaltung übernimmt der Factor für seine Kunden folgende Funktionen:

- ***Finanzierungsfunktion:***
  Vorfinanzierung der angekauften Forderungen mit ca. 80-90%.
  Differenzbetrag wird auf ein Sperrkonto überwiesen und dann freigegeben, wenn keine Beanstandungen seitens des Käufers aus dem zugrunde liegenden Kaufvertrag zu mehr zu erwarten sind.
- ***Dienstleistungsfunktion:***
  Factor übernimmt Rechnungsstellung, Führung der Kundenkonten, Debitorenbuchhaltung, Mahnwesen, ggf. Organisation Forderungsinkasso
- ***Delkrederefunktion:***
  Übernahme Ausfallrisiko. Factor verzichtet darauf, seinem Klienten die Forderungen Zurückzubelasten, wenn diese Kunden zahlungsunfähig werden.

(9 Punkte)

b)

1,6 % Factoringgebühr von 10 Mio. Umsatz	160.000,00 €
10% Sollzinsen auf die in Anspruch genommenen Gelder (1.000.000,00 - 200.000,00)	80.000,00 €
Weitere Gebühren	6.500,00 €
Summe Kosten	246.500,00 €
Kostenvorteile / Einsparungen	
3 % Skonto von 8 Mio	240.000,00 €
Einkaufsvorteile	10.000,00 €
Kosteneinsparungen	8.000,00 €
Entfallene Delkredereverluste	15.000,00 €
Summe Vorteile	273.000,00 €
Ersparnis: Vorteile - Kosten	**26.500,00 €**

Factoring bringt hier eine Ersparnis von 26.500,00 €

(11 Punkte)

Aufgabe 6: Anlageformen freier Liquidität (20 Punkte)

a) Festverzinsliche Wertpapiere dienen zur Fremdfinanzierung der öffentlichen Hand, von Institutionen und Unternehmen. Der Anleger hat bei der Anlage in festverzinsliche Wertpapiere einen Anspruch auf Zinsen und spätere Tilgung. Diese Papiere sind ein Kompromiss zwischen Sicherheit und Ertrag.

Beispiele: Pfandbrief, Bundesanleihe, Kommunalobligation, Festzinsanleihen, Industrie- und Bankobligationen

(3 Punkte)

b)

50.000,00 Nennwert, Kurs 98,5%	49.250,00 €
+ Stückzinsen für 90 Tage (01.01. - 01.04.) 4 % v. Nennwert	500,00 €
Ausmachender Betrag	49.750,00 €
+ Kosten:	
Provision 0,5% vom Kurswert, mind. v. Nennwert	250,00 €
Courtage 0,75 Promille	37,50 €
Kaufpreis Wertpapiere	50.037,50 €

Verkauf 21.08. im Jahre 02

50.000,00 Nennwert, Kurs 99,5%	49.750,00 €
+ Stückzinsen für 50 Tage (01.07. - 21.08.) 4 % v. Nennwert	277,78 €
Ausmachender Betrag	50.027,78 €
- Kosten:	
Provision 0,5% vom Kurswert, mind. v. Nennwert	-250,00 €
Courtage 0,75 Promille	-37,50 €
Verkaufspreis Wertpapiere	49.740,28 €

Ertrag:

Zinsen *am 01.07. im Jahr 01, 01.01. im Jahr 02, 01.07. im Jahr 02* 4% von 50.000,00 €	3.000,00 €
- Differenz zwischen Verkaufs- und Kaufpreis Wertpapiere	-297,22 €
- Depotgebühren	-50,00 €
Gesamtgewinn:	2.652,78 €

Zinstage: 01.04.01 - 21.08.02 = 500 Tage

Bei Berechnung: Monat = 30 Tage, Jahr = 360 Tage

$$\text{Rendite:} = \frac{\text{Gewinn x 100 x 360}}{\text{K x t}} = \frac{2.652{,}78 \text{ x } 100 \text{ x } 360}{50.037{,}50 \text{ x } 500} = 3{,}8\%$$

(17 Punkte)

Lösungen zur 3. Musterklausur

Aufgabe 1: Auslandszahlungsverkehr (4 Punkte)

a) Es handelt sich hier um "clean payment". (1Punkt)

b) Es muss eine Meldung and die Deutsche Bundesbank erfolgen. Nach dem Außenwirtschaftsgesetz müssen Gebietsansässige jede Zahlung von mehr als 12.500,00 € oder dem entsprechenden Gegenwert, die sie in fremder Währung von Gebietsfremden annehmen oder an Gebietsfremde leisten, der Deutschen Bundesbank melden.
Gemeldet werden: Summe in der Währung, Empfänger und Auftraggeber, Zahlungszweck, Empfänger- bzw. Auftraggeberland, Kennziffern gemäß Leistungsverzeichnis (3 Punkte)

Aufgabe 2: Finanzierung (15 Punkte)

a) Ein Unternehmen kauft einen LKW, um Produkte auszuliefern (Investition / Mittelverwendung). Das Geld hat er sich über ein Darlehen bei seiner Bank beschafft (= Finanzierung / Mittelherkunft). Jede Investition muss finanziert werden, da Aktiv- und Passivseite der Bilanz stets übereinstimmen. (2 Punkte)

b)

Eigenkapitalquote:	2.040 / 5.318 x 100	= 38,4%
Verschuldungsgrad:	3.278 / 5.318 x 100	= 61,6%
Grad der Selbstfinanzierung:	750 / 1.010 x 100	= 74,3%

Hinsichtlich der Kapitalstruktur kann das Unternehmen als positiv bezeichnet werden. Die EK-Quote liegt deutlich über dem Durchschnitt deutscher Unternehmen. Der Grad der Selbstfinanzierung liegt bei 74,3%, was bedeutet, dass - ohne Berücksichtigung der aus dem Jahresabschluss noch zu verteilenden Mittel - 74,3% des Eigenkapitals durch Rücklagen aus eigener Kraft neu hinzugewonnen wurde.
(5 Punkte)

c)

Eigenkapitalrentabilität:	280 x 100 / 1.760	= 5,9%
Gesamtkapitalrentabilität:	(280 + 160) x 100 / (1.760 + 3.278)	= 8,7%

  Die Gesamtkapitalrentabilität des Unternehmens liegt mit 8,7 % über dem durchschnittlichen Fremdkapitalzins in Höhe von 6%. Mit jedem zusätzlich aufgenommenen Euro, der investiert wurde, hat das Unternehmen die Zinsdifferenz von 2,7% darauf netto als Gewinn verbuchen können. Somit steigt die Eigenkapitalrentabilität mit jedem zusätzlich aufgenommenem Fremdkapital an (Hebelwirkung = Leverage - Effekt). (5 Punkte)

- Solange das neue Investment bei diesem Unternehmen in der Lage ist, eine Rendite zu erwirtschaften, die über dem Fremdkapitalmarktzins liegt, sollte das Unternehmen zur Fremdfinanzierung greifen. Dies ist hier gegeben. Es sollte jedoch darauf geachtet werden, dass das Verhältnis Eigenkapital zu Fremdkapital stimmt - eine zu hohe Fremdkapitalquote sollte immer vermieden werden. (3 Punkte)

Aufgabe 3: Kapitalbeschaffung und Kredite (18 Punkte)

a)

- **Ratendarlehen:**
  hat anfänglich höhere Belastung, ist insgesamt preiswerter bei normaler Zinsstruktur, ist linearer Abschreibung direkt gegenüberstellbar.
- **Annuitätendarlehen:**
  hat gleich bleibende Belastung (Annuität). Die jährliche Belastung aus Zins- und Tilgungsleistung ändert sich nicht.

  Beim Annuitätendarlehen steigen die Tilgungsbeiträge um die ersparten Zinsen. Das Kapital steht beim Annuitätendarlehen im Durchschnitt länger zur Verfügung als beim Ratendarlehen.

(4 Punkte)

b)

- Der **Nominalzins** ist die Berechnungsgrundlage für die Ermittlung der Zinsen. Die Zinsen werden nach der Tilgungsverrechnung vom jeweiligen Restkredit ermittelt.
- Der **Effektivzins** gibt die tatsächlichen Kreditkosten p.a. unter Berücksichtigung eventueller Provisionen und Gebühren an. Tilgungen sind bei der Ermittlung des Effektivzinses sofort zu berücksichtigen.

(2 Punkte)

c)

$$\text{Annuitätenfaktor} = \frac{q^n \text{ x } (q-1)}{q^n-1}$$

n = Jahre, q = 1+p / 100, p = Zinssatz

$$= \frac{1{,}065^5 \text{ x } (1{,}065-1)}{1{,}065^5-1} = 0{,}2406345$$

Annuität = Darlehensbetrag x Annuitätenfaktor

= 1.000.000,00 € x 0,2406345 = 240.634,5 €

(2 Punkte)

d)

Jahr	Zinsen in EUR	Tilgung in EUR	Annuität	Restschuld
1	65.000,00	175.634,50	240.634,50	824.365,50
2	53.583,76	187.050,74	240.634,50	637.314,76
3	41.425,46	199.209,04	240.634,50	438.105,72
4	28.476,87	212.157,63	240.634,50	225.948,09
5	14.686,63	225..947,87	240.634,50	0,22

Kleine Differenzen aufgrund Rundungsdifferenzen tolerabel. (10 Punkte)

Aufgabe 4: Sicherheiten (12 Punkte)

- **Grundschuld auf Privathaus**
  - Bestellung eines Grundpfandrechts (Grundschuld oder Hypothek)
  - Ein Grundpfandrecht ist eine vertragliche Bestellung eines Pfandrechts an einer Immobilie, das in das Grundbuch eingetragen wird.
  - Das Grundpfandrecht entsteht durch Einigung, Beglaubigung durch einen Notar und Eintragung in das Grundbuch.
  - Der Sicherungsgeber bleibt Eigentümer der Immobilie.
  - Der Sicherungsnehmer erwirbt das Recht, sich ggf. aus dem Grundstück zu befriedigen.

- **Gemälde**
  - Verpfändung des Gemäldes
  - Das Pfandrecht ist ein zur Sicherung der Forderung bestimmtes dingliches Recht an fremden Sachen oder Rechten, das den Gläubiger berechtigt, sich durch Verwertung des pfandbelasteten Gegenstands zu befriedigen.
  - Der Kreditnehmer bleibt Eigentümer und mittelbarer Besitzer.
  - Der Kreditgeber und Pfandgläubiger wird unmittelbarer Besitzer mit Aufbewahrungspflicht.
  - Pfandrecht kommt durch Einigung über die Verpfändung und Übergabe des Pfandgegenstandes zu Stande.

- **Privat-PKW**
  - Sicherungsübereignung
  - Die Sicherungsübereignung ist eine Übereignung von beweglichen Sachen durch den Kreditnehmer an den Gläubiger zur Sicherung einer Forderung. Die Sicherungsübereignung ist gesetzlich nicht geregelt.
  - Sie setzt sich zusammen aus einem Eigentumserwerb und einem Besitzmittlungsverhältnis.
  - Kreditnehmer bleibt unmittelbarer Besitzer.
  - Kreditgeber wird Eigentümer und mittelbarer Besitzer.
  - Die Sicherungsübereignung kommt durch die Einigung über den Eigentumsübergang und durch die Vereinbarung eines Besitzkonstituts zustande. Dabei muss der Gegenstand genau bezeichnet werden.

Aufgabe 5: Finanzplanung / Cash Management (23 Punkte)

a) **Cash-Flow:**
(Barmittelzufluss oder Kassenzufluss) ist eine finanzielle Stromgröße, die den in einer Periode erfolgswirksam erwirtschafteten Zahlungsmittelüberschuss angeben soll. (2 Punkte)

Erkenntnisse:
Kapitaldienstgrenze kann sich mittels des Cash-Flows für verschiedene Planungsperioden vorhersagen. Die Hausbank kann mit dem Cash Flow den Kreditaufnahmespielraum ermitteln: Zeigt sich über mehrere Planungsperioden ein kleiner oder sogar negativer Beitrag bei den verfügbaren Barmitteln, so ist die Rückzahlung von Krediten gefährdet. (3 Punkte)

b)

◆ (28 x 0,5 Punkte)

Finanzplan II. Quartal	April	Mai	Juni
Vortrag vom Vormonat	- 40.000	- 19.885	- 85.925
Einnahmen	+ 390.000 + 16.520	+ 420.000 + 20.000	+ 615.000
Summe Einnahmen	406.520	440.000	615.000
Ausgaben	- 107.265 - 250.140 - 29.000	- 140.000 - 340.000 - 26.040	- 580.000
Summe Ausgaben	- 386.405	506.040	- 580.000
Monats-Defizit		- 66.040	
Monats-Überschuss	20.115		35.000
Gesamt-Defizit	- 19.885	- 85.925	- 50.925
Gesamt-Überschuss			

◆ Im Monat April wurde mit einem Defizit gerechnet, ebenso im Monat Mai. Das Defizit ist im Monat Juni niedriger als im Monat Mai. Es kann sein, dass erste Maßnahmen zur Reduzierung des Defizits anspringen. Es muss überlegt werden, inwiefern die Liquiditätslücke durch den Kreditrahmen abgedeckt werden kann.
Ferner ist zu prüfen, welche liquiditätsfördernde Maßnahmen noch greifen können, wie zum Beispiel frühere Fakturierung, Skonto, Optimierung Mahnwesen. (4 Punkte)

Aufgabe 6: Leasing (20 Punkte)

a) **Vorteile des Leasings:**

- Die Leasingrate stellt in voller Höhe Betriebsausgaben dar.
- Der Leasinggegenstand muss nicht zum Zeitpunkt der Anschaffung bezahlt werden, so dass die freie Liquidität anders genutzt werden kann.
- Der Spielraum für Kreditaufnahmen bleibt erhalten, da Leasingverbindlichkeiten in der Bilanz nicht ausgewiesen werden.
- Eventuell ist eine laufende Anpassung an die technische Entwicklung des Leasinggegenstandes möglich.
- beim Vollservice-Vertrag sind die Leasingraten zwar etwas höher, der Leasingnehmer spart aber Verwaltungskosten.

Nachteile des Leasings:

- Der Leasinggegenstand darf (in der Regel) nicht in der Bilanz aktiviert werden.
- Der Leasingnehmer ist während der Grundmietzeit gebunden, da er nicht kündigen kann.
- Neben der Anschaffungskosten muss der Leasingnehmer auch Zinsen, ein Entgelt für die erbrachten Dienstleistungen und einen Gewinnaufschlag zahlen.
- Die fixe Leasingrate kann bei Rückgang der Auftragssituation zu Liquiditätsengpässen führen.

(6 Punkte)

b)

			Kredit			Leasing
Jahr	Restdarlehen	Zinsen	Tilgung	Abschreibung	Aufwendung	Leasingrate
1	30.000	1.725,00	7.500,00	7.500,00	9.225,00	10.800,00
2	22.500	1.293,75	7.500,00	7.500,00	8.793,75	10.800,00
3	15.000	862,50	7.500,00	7.500,00	8.362,50	10.800,00
4	7.500	431,25	7.500,00	7.500,00	7.931,25	9.000,00
		4.312,50		30.000,00	34.312,50	41.400,00

(12 Punkte)

Das Unternehmen sollte sich für das Finanzierungsangebot entscheiden, weil dieses aus Kostensicht 7.087,50 € günstiger ist als das Leasingangebot. Hinzu kommt bei dem Erwerb des PKW als Eigentum, dass dieser nach vier Jahren mit einem Restwert verkauft werden kann. (2 Punkte)

Aufgabe 7: Anlageformen freier Liquidität (8 Punkte)

a) Eine Aktie verbrieft einen Anteil an einer Aktiengesellschaft. Dem Aktieninhaber verbrieft eine Aktie einen Anteil am Gewinn und am Zuwachs des Wertes der Aktiengesellschaft. Daneben gewährt sie in der Regel dem Aktionär ein Stimmrecht in der jährlich stattfindenden Hauptversammlung sowie ein Bezugsrecht bei der Herausgabe junger Aktien. (2 Punkte)

b) Kapitalerhöhung von 90 Mio. um 30 Mio. auf 120 bedeutet Verhältnis:

90 zu 30 = 3 zu 1

Für jeweils 3 Aktien kann die Althoff GmbH eine junge Aktie beziehen.
Die Alfhoff GmbH kann 500 junge Aktien beziehen. (2 Punkte)

c) Die Althoff GmbH kann ihre Bezugsrechte verkaufen.

$$\text{Wert des Bezugsrechts:} = \frac{\text{Kurs alte Aktie - Kurs neue Aktie}}{\text{Bezugsverhältnis} + 1}$$

$$= \frac{9 - 7{,}90}{3 + 1} = \frac{1{,}1}{4} = 0{,}28$$

1500 € x 0,28 € = 420,00 €

Das Unternehmen erhält bei Verkauf der Bezugsrechte einen Erlös von 420,00 €. (4 Punkte)

3

Lösungen zum Lehrbuch

Dieser Abschnitt enthält die Lösungen zu den im Lehrbuch „**Finanzwirtschaft**" enthaltenen Wissenskontrollfragen und Übungen. Die Lösungen sind dem jeweiligen Kapitel zugeordnet.

Inhalt:

Lösungen Kapitel 1

Wissenskontrollfragen

1) Barzahlung: Der Zahlungsvorgang wird nur mit Bargeld bewirkt. Halbbare Zahlung: Eine der Personen, Zahler oder Empfänger verwendet bei dem Zahlungsvorgang ein Konto, die jeweils andere Person verwendet Bargeld. Bargeldlose Zahlung: Der Zahlungsvorgang wird ausschließlich über Konten abgewickelt.

2) Eigenschaften des Geldes: allgemein anerkannt, leicht übertragbar und wertbeständig

3) Geldersatzmittel sind Zahlungsmittel, die die Funktionen des Geldes teilweise übernehmen, das sind der Scheck und der Wechsel.

4) Nachteile der Barzahlung: Falschgeldrisiko, Verlustrisiko, keine Verzinsung

5) Pflichten Geldwäschegesetz: Identifizierung des Zahlers durch Vorlage des Personalausweises oder Reispasses, Aufzeichnung und Aufbewahrung der Geschäftsunterlagen zu dieser Transaktion sowie die Anzeige solcher Transaktionen in besonderen Verdachtsfällen beim Landeskriminalamt.
Grund: es kann sich um Gelder aus dunktlen Quellen handeln, die per Einschleusung in den regulären Geldkreislauf "gewaschen" werden sollen. Dies will das Geldwäschegesetz verhindern.

6) Vorteile Lastschriftverfahren für den Gläubiger: pünktlicher Zahlungseingang, Zinsgewinne, Entlastung des Mahnwesens, Vereinfachung der Buchhaltung, kostengünstiges Verfahren

7) Der Barscheck kann nur bar ausgezahlt werden und muss zu diesem Zweck dem bezogenen Bankinstitut vorgelegt werden (= halbbare Zahlung!); der Verrechungsscheck kann bei jedem beliebigen Konto zur Gutschrift eingereicht werden (= bargeldlose Zahlung!).

8) Als Electronic Banking werden alle Verfahren bezeichnet, mit denen Kunden von Kreditinstituten sowie Kreditinstitute untereinander alle denkbaren Bankgeschäfte per Datenfernübertragung unter Nutzung von geeigneten Datennetzen erledigen.

9) Funktionen Online-Banking für den Nutzer: Umsatzinformationen und Kontoauszugsdaten, Veranlassen von Inlands-Überweisungen, Vorlagen für häufig vorkommende Überweisungen, Daueraufträge und Lastschriften einrichten und ändern, Kauf und Verkauf von Wertpapieren u.a.

10) Geldkarte: Eine mit einen Chip ausgestattete Karte, auf der ein bestimmter Geldbetrag vor dem eigentlichen Zahlungsvorgang gespeichert ist, mit dem der Inhaber bestimmte Leistungen bezahlen kann (elektronische Geldbörse);
Kreditkarte: Karte, die den Inhaber berechtigt, auf der Basis eines Vertrages mit einer Kreditkartenorganisation Leistungen bargeldlos zu bezahlen, wobei die Leistungen einmal monatlich in einer Abrechnung zusammengefasst dem Kreditkarteninhaber belastet werden;
Debitkarte: Karte, die den Inhaber eines Girokontos in die Lage versetzt, über Geld von seinem Girokonto zu verfügen, entweder als bargeldlose Zahlung oder durch die Auszahlung von Bargeld an Geldautomaten.

11) Das Akkreditiv sichert eine Zahlung zwischen Importeur und Exporteur einer Ware ab. Zu diesem Zweck eröffnet der Importeur über seine Hausbank ein Akkreditiv bei der Bank des Exporteurs. Nachdem dies erfolgt ist, liefert der Exporteur die Ware aus und erhält entsprechende Dokumente dafür. Gegen Vorlage dieser Dokumente bei seiner Hausbank erhält der Exporteur seine Zahlung. Die Bank des Exporteurs legt die Dokumente wiederum der Bank des Importeurs vor, die die geleistete Zahlung dem Importeur belastet. Dafür erhält der Importeur die Dokumente, mit denen er die Ware beim Spediteur "auslösen" kann.

12) Die Incoterms (International Commercial Terms) sind Regeln, die den Gefahren- und Kostenübergang vom Verkäufer auf den Käufer regeln. Sie sind von der Internationalen Handelskammer Paris entwickelt worden.
Beispiel: FAS Hamburg: Free alongside ship Hamburg/ Frei Längsseite Schiff Hamburg: Kosten- und Gefahren trägt der Exporteur bis zum Verschiffungshafen.

Übung

a) Sammelüberweisung. Es muss nur ein Überweisungsformular ausgefüllt werden / nur eine Unterschrift geleistet werden.

b) Lastschrifteinzugsverfahren. Es werden eigene Verwaltungskosten gespart und bei Falschbuchungen kann zurückgebucht werden.

c) Dauerauftrag oder Lastschriftverfahren. Es werden Verwaltungskosten gespart.

d) Barzahlung, Geldkarte oder Kreditkarte. Es handelt sich um einen Kleinbetrag, bei dem sofortige Bezahlung gewünscht ist.

e) Sammelüberweisung. Es muss nur ein Überweisungsformular ausgefüllt werden / nur eine Unterschrift geleistet werden.

f) Zahlungsanweisung zur Verrechnung oder Orderscheck. Jeweiliges Empfängerkonto ist unbekannt; ZzV und Orderschecks können sicher versandt werden.

g) Zahlschein. Dies ist die einzige Möglichkeit bei fremdem Bankinstitut ohne vorhandenes Konto.

h) Kreditkarte oder Debitkarte. Die bargeldlose Zahlung auf Reisen ist sicherer als das Mitführen großer Bargeldbeträge.

i) Barzahlung von Hand zu Hand oder Geldkarte. Es handelt sich um einen Kleinbetrag, bei dem sofortige Bezahlung erforderlich ist

j) Nachnahme. Sie garantiert die Einhaltung der Zahlungsbedingung Ware gegen Geld.

Lösungen Kapitel 2

Wissenskontrollfragen

1) Zusammenhang von Investition und Finanzierung: Ein Unternehmer kauft ein Auslieferungsfahrzeug (= Investition / Mittelverwendung). Das Geld dafür hat er sich über ein Darlehen bei seiner Bank be-schafft (= Finanzierung / Mittelherkunft). Jede Investition muss finanziert werden, da die Aktivseite und die Passivseite der Bilanz stets übereinstimmen.

2) Grundlegende Ziele der Finanzierung: Rentabiltität, Liquidität und Dispositionsfreiheit

3) Leverage-Effekt: Liegt der Fremdkapitalzins niedriger als die Gesamtkapitalrentabilität, so lohnt sich der Einsatz zusätzlichen Fremdkapitals. In dieser Situation gilt: Je höher der Verschuldungsgrad, desto höher die Eigenkapitalrentabilität.

4) Innenfinanzierung liegt vor, wenn die finanziellen Mittel innerhalb der Unternehmung entstehen, z.B. durch nicht ausgeschüttete Gewinne, Abschreibungen oder Umfinanzierung; Aussenfinanzierung hingegen liegt vor, wenn die finanziellen Mittel von außen an das Unternehmen herangeführt werden, z.B. durch die Gesellschafter, durch Kreditinstitute oder Lieferanten.

5) Unterscheidungsmerkmale

Eigenfinanzierung	Fremdfinanzierung
führt zu Erfolgsbeteiligung (Gewinn- oder Verlustbeteiligung)	hat keinen Anspruch auf Erfolgsbeteiligung (weder Gewinn noch Verlust)
haftet gegenüber den Gläubigern	haftet nicht
unterliegt keinen festen Auszahlungsansprüchen	hat einen festen (Rechts-)Anspruch auf Tilgung und Zinsen
begründet einen relativen Anspruch auf Gewinn, der von der Gewinnhöhe abhängt	begründet einen Nominalanspruch, der von Tilgungsraten und Zinssatz abhängt
wird auf unbefristete Zeit überlassen	wird für eine bestimmte Frist überlassen
begründet direkte oder indirekte Mitwirkungsrechte	begründet grundsätzlich keinerlei Leitungsrechte
führt nicht zu Kosten	führt zu Kosten für Zinsen, Bearbeitungsgebühr, Notar- und Gerichtsgebühren, Sicherheiten

6) OHG: Die Gesellschafter bringen die Mittel auf. Sie haften über die Einlage hinaus unbeschränkt mit ihrem Privatvermögen, ihre Einlage gewährt ihnen eine weitgehende Geschäftsführungsbefugnis, ein Entnahmerecht und unbeschränkte Ansprüche an den Gewinn. AG: Die Zuführung von Eigenkapital erfolgt durch die Übernahme der Aktien durch den oder die Gründer oder den Verkauf der Aktien an der Börse. Die Aktionäre sind im Verhältnis der Summe der Nennwerte ihrer Aktien zum Grundkapital Eigentümer der AG. Ihre Gewinnansprüche sind begrenzt, sie haben keine Geschäftsführungsbefugnisse, allerdings ist ihre Haftung auf den Betrag der Aktie begrenzt.

7) Pensionsrückstellungen werden gebildet für Mitarbeiter, die aktuell im Unternehmen arbeiten und denen die verbindliche Zusage für eine Betriebsrente gegeben wurde. Im Jahr der Bildung führt die Pensionsrückstellung zu einem Aufwand, der den Gewinn schmälert. In gleicher Höhe erfolgt also weder eine Ausschüttung noch eine entsprechende Steuerzahlung. Die Mittel bleiben im Unternehmen. Die Ausgabe zu dieser Rückstellung erfolgt erst dann, wenn die Auszahlung der Betriebsrente an die Mitarbeiter erfolgt, die die Rentenansprüche erworben haben.

8) Offene Selbstfinanzierung: Die nicht ausgeschütteten Teile des erzielten Gewinn werden als offene Gewinnrücklagen in der Bilanz ausgewiesen. Beispiel: Gesellschafter und Geschäftsführung einer GmbH entscheiden, die Hälfte des erzielten Jahresgewinns im Unternehmen zu belassen und für eine größere Investition im folgenden Geschäftsjahr zu nutzen. Stille Selbstfinanzierung: Durch die Unterbewertung von Aktivpositionen oder Überbewertung von Passivpositionen in der Bilanz entstehen stille Reserven. Beispiel: Die GmbH hat in ihrem Anlagevermögen einen LKW, der einen Restbuchwert von 3.000 € aufweist. Tatsächlich hat der LKW nach Marktlage noch einen Verkaufswert von 10.000 €. Die Differenz zwischen Restbuchwert und Verkaufswert stellt eine stille Reserve dar, die dem Unternehmen zu Finanzierungszwecken zur Verfügung steht.

9) In die Berechnung des Gründungskapitalbedarfs fließen folgende Größen ein: Betriebsgröße, Art und Umfang der Lagerhaltung, Lagerumschlagshäufigkeit, vereinbarte Zahlungsbedingungen, Zahlungsgewohnheiten der Kunden, branchen- und saisonabhängige Schwankungen.

10) Zwischen den Mittelrückflüssen, die ein Unternehmen aus seinen Absatzleistungen vom Kunden erhält einerseits und dem Einkauf der dazu erforderlichen Materialien, der Auszahlung der Löhne, der Dauer des Herstellungsprozesses sowie eventuell anschließender Liegezeiten andererseits liegen - brachenabhängig - mehr oder weniger lange Zeiten, die zu überbrücken sind. Finanziell relevant sind folgende Fristen: durchschnittliche Lagerdauer der Materialien, durchschnittliche Zahlungsfrist Lieferanten, durchschnittliche Produktionsdauer, durchschnittlicheLagerdauer der Erzeugnisse, durchschnittliches Kundenziel.

11) Die Eigenkapitalrentabilität gibt an, wie hoch sich das eingesetzte Kapital innerhalb eines bestimmten Rechnungszeitraums verzinst hat oder anders formuliert, der Gewinn eines Investments oder eines Unternehmens, ausgedrückt in Prozent vom Eigenkapital, das eingesetzt wurde.

Übung

a)

$$\text{Deckungsgrad I} = \frac{150.000 \times 100}{340.000} = 44{,}1\ \%$$

$$\text{Deckungsgrad II} = \frac{(150.000 + 550.000) \times 100}{340.000} = 205{,}9\ \%$$

Der Deckungsgrad I liegt unter 100 %; das wäre dann dramatisch, wenn keine langfristigen Fremdmittel vorhanden wären. Der Deckungsgrad II beträgt jedoch 205,9 %. Das Unternehmen ist im langfristigen Bereich also mehr als ausreichend finanziert. Die langfristigen Mittel reichen sogar noch aus, die Lagervorräte zu finanzieren. Das ist als solide zu bezeichnen.

b)

$$\text{Eigenkapitalquote} = \frac{150.000 \times 100}{1.000.000} = 15\ \%$$

c) Die Liquidität ist erst ab der Liquidität 2. Grades hinlänglich gesichert:

$$\frac{(180.000 + 120.000) \times 100}{300.000} = 100\ \%$$

d) Aktuell ist nicht erkennbar, dass durch Umsatzprozesse das für die Anschaffung erforderliche Kapital aufgebracht werden kann. Die Basis von 150.000 € Eigenkapital ist zu gering, um erwarten zu dürfen, dass durch ausreichende Gewinne die erforderlichen Mittel im kommenden Jahr zufließen könnten.

e) Zwei Möglichkeiten sind denkbar: Die Vollhafter erhöhen ihre Einlagen oder das Unternehmen nimmt neue Kommanditisten herein, die die Mittel zur Finanzierung des LKW mitbringen oder aber den vorhandenen Kommanditisten wird die Gelegenheit gegeben, ihre Einlage zu erhöhen.

f) Kapitalerhaltungsfunktion von Abschreibungen: Der LKW wird regulär jedes Jahr mit 10 % abgeschrieben, das sind 12.000 € pro Jahr. In die Verkaufspreise eines Jahres werden Abschreibungen mindestens in gleicher Höhe einkalkuliert und vereinnahmt. Am Ende der Nutzungsdauer nach 10 Jahren stehen damit dem Unternehmen wieder Mittel zur Verfügung, um eine Ersatzinvestition zu tätigen.

Lösungen Kapitel 3

Wissenskontrollfragen

1) Wichtigstes Ziel der Finanzplanung in einem Unternehmen ist es, die Zahlungsfähigkeit des Unternehmens zu jedem Zeitpunkt sicherzustellen.

2) Geplante Einnahmen aus Umsatzerlösen, Anlagenverkäufen und sonstige Einnahmen; geplante Ausgaben für Personal, Material, Anlagenkäufe, Zinsen und Tilgungen, Steuern. Erkenntnisse: Auftreten möglicher Unter- oder Überdeckungen

3) Einnahmebedingte Überdeckungen: Saisonbedingte hohe Umsätze, Anlagenverkäufe, Mittelzufuhr durch Kapitalerhöhungen (z.B. Privateinlage), Steuerrückzahlungen; ausgabebedingte Überdeckungen: geringe Materialkäufe durch Lagerabbau, Personalabbau.

4) Ausgabeseite: Investitionen hinauszögern, mit Lieferanten verlängerte Zahlungsziele vereinbaren. Einnahmeseite: Forderungen verkaufen, Anlageverkäufe vornehmen (z.B. an eine Leasinggesellschaft), Kreditaufnahme.

5)

	Finanzplan	Liquiditätsplan
Ziel	Gegenüberstellung geplanter Ein- und Ausgaben zur Ermittlung von möglichen Unter- und Überdeckungen im mittelfristigen Bereich	Sicherstellung der täglichen Zahlungsfähigkeit unter Berücksichtigung genau geplanter Einnahmen und Ausgaben sowie vorhandener bzw. noch anzuschaffender liquider Mittel
Fristigkeit	mittelfristig (1 -12 Monate)	kurzfristig (1 Tag bis 4 Wochen)
Genauigkeit	auf Basis der Unternehmensplanung noch relativ grob	aufgrund der kurzen Fristen sehr genau

6) Erkenntnisse aus dem Liquiditätsstatus: Je nach dem Ergebnis des Liquiditätsstatus muss entsprechend gehandelt werden: Überliquidität ist möglichst rentierlich kurzfristig auf dem Geldmarkt unterzubringen, fehlende Liquidität ist über die Kommunikation mit den Banken zu beschaffen. Ferner ist ein sinnvoller Abgleich der Konten vorzunehmen.

7) Cash Flow: Der Cash flow (zu deutsch: Barmittelzufluss oder Kassenzufluss) ist eine finanzielle Stromgröße, die den in einer Periode erfolgswirksam erwirtschafteten Zahlungsmittelüberschuß angeben soll. Erkenntnisse aus dem Cash Flow-Status: Mit diesem Planungsinstrument lässt sich die Kapitaldienstgrenze für verschiedene Planungsperioden vorhersagen. Für die Hausbank ist dieses Instrument äußerst wichtig, denn sie kann damit den Kreditaufnahmespielraum ermitteln: Zeigt sich über mehrere Planungsperioden ein kleiner oder sogar negativer Betrag bei den verfügbaren Barmitteln, so ist die Rückzahlung von Krediten gefährdet.

8) Erhöhung der Liquidität: Forderungen verkaufen (Factoring), nicht genutztes Anlagevermögen verkaufen (Desinvestition), Skonto gewähren, um Kunden zu vorzeitiger Zahlung zu veranlassen, Aufnahme kurzfristiger Fremdmittel, kurzfristige Erhöhung des Eigenkapitals, Investitionen aufschieben (Verzicht auf Ersatzinvestitionen), Tilgungsstreckung vereinbaren, längerfristige Zahlungsziele vereinbaren, Kosteneinsparungsprogramme, Anpassungen im Personalbereich;
Abbau überflüssiger Liquidität: überflüssige Gelder kurzfristig z.B. auf Festgeldkonten parken, Investitionen vorziehen, Sondertilgungen vornehmen, Vorratskäufe tätigen, Gewinnentnahmen vorziehen

9) Durchführung der Liquiditäts- und Finanzplanung, Steuerung der betrieblichen Zahlungsströme, Sicherstellung der betrieblichen Liquidität

10) Zahlungsrisiken bei Vertragsschluss bereits ausschließen, z.B. durch Vereinbarung von Zahlung bei Lieferung, schnelle Abwicklung des Auftrags und rasche Fakturierung, ferner Einführung von Lastschriftverfahren, Gewährung von Skonto sowie konsequente Überwachung von Forderungen.

11) Zahlungserinnerung: Vorsichtiger Hinweis an den Kunden, dass die Zahlung beim Gläubiger noch nicht eingegangen ist. Mahnung: Deutlicher Hinweis an den Kunden auf die Nichtzahlung mit der Bitte um Zahlung innerhalb einer gesetzten Frist.

12) Ein gerichtliches Mahnverfahren wird eingeleitet durch den Antrag auf Erlass eines gerichtlichen Mahnbescheides.

Übung 1

a) Eine sehr wahrscheinliche Auswirkung ist der schnellere Eingang der Zahlungen, da die überwiegende Anzahl der Kunden den Skontoabzug ausnutzen wollen.

b) Überschlagsrechnung: Der Kunde erhält für eine um 16 Tage gegenüber dem Zahlungsziel frühere Zahlung ein Skonto von 2 %. Aufs Jahr hochgerechnet bedeutet dies:

$$\frac{360}{16} \times 2\% = 45\%$$

Der Kunde hat also einen Zinsvorteil von 45 %. Da das aktuelle und zukünftige Zinsniveau wesentlich niedriger als 45 % ist bzw. sein wird, dürfte sich die Zwischenfinanzierung für den Kunden lohnen.

c) Bisher war mit dem Eingang der vollen 60.000,00 € nach 35 Tagen zu rechnen. Künftig werden 90 % unter Abzug von 2 % Skonto = 52.920,00 € innerhalb von 14 Tagen eingehen, also 21 Tage früher als sonst, 5 % = 3.000,00 € nach 30 Tagen und weitere 5 % = 3.000,00 € nach 40 Tagen. Durch den früheren Erhalt der Beträge können eigene Rechnungen schneller bezahlt werden, Kredite können schneller getilgt werden oder müssen erst gar nicht aufgenommen werden.

d) Auf Dauer den Monatsumsatz von 1.000.000,00 € abzüglich der 2 % Skonto auf die 90 % (900.000,00 €), die unter Abzug von Skonto bezahlt werden (18.000,00 €), also insgesamt 882.000,00 €. Im Januar werden dagegen noch die Zahlungsmodalitäten aus dem Dezember des laufenden Jahres und die neuen Zahlungsmodalitäten zusammentreffen.

Übung 2

a) Gewinnvergleichsrechnung

	Maschine 1	Maschine 2
Abschreibung	11.000,00 €	13.000,00 €
+ Zinsen	4.400,00 €	5.200,00 €
+ sonstige fixe Betriebskosten	12.000,00 €	15.000,00 €
= gesamte fixe Kosten	27.400,00 €	33.200,00 €
+ variable Gesamtkosten	24.000,00 €	19.200,00 €
= Kosten gesamt	51.400,00 €	52.400,00 €

	Maschine 1	Maschine 2
Erlöse gesamt	60.000,00 €	64.800,00 €
- Kosten gesamt	51.400,00 €	52.400,00 €
Gewinn pro Periode	8.600,00 €	12.400,00 €

Der Gewinn der Maschine 2 ist um 3.800,00 € pro Periode höher. Also wird man sich für diese Maschine entscheiden.

b) Amortisationsrechnung

	Maschine 1	Maschine 2
Gewinn pro Periode	8.600,00 €	12.400,00 €
+ Abschreibung pro Periode	11.000,00 €	13.000,00 €
(1) Summe Gewinn + Abschreibung	19.600,00 €	25.400,00 €
(2) Anschaffungskosten	110.000,00 €	130.000,00 €
Amortisationsdauer in Jahren (2) : (1)	5,61 Jahre	5,12 Jahre

c) Die Amortisationsdauer der Maschine 2 ist geringer. Hier erfolgt ein Rückfluss nach 5,1 Jahren, während dies bei Maschine 2 um ca. 0,5 Jahre länger dauert.

Lösungen Kapitel 4

Wissenskontrollfragen

1) Kurzfristige Möglichkeiten der Refinanzierung durch Kredite sind der Lieferantenkredit und Kontokorrentkredit.

2) Vorteile: passgenaue Inanspruchnahme nach Höhe und Dauer des Finanzbedarfs; Verzinsung nur in Höhe des in Anspruch genommenen Kredits;

Nachteile: hohe Zinssätze und damit hohe Kapitalkosten, hohe Abhängigkeit von der Bank durch täglich mögliche Fälligstellung des Kreditbetrags

3) Festbetragsdarlehen: Das Darlehen wird in einer Summe zu einem bestimmten Termin zurückbezahlt. Zinsen werden damit auf den Anfangsbetrag gezahlt.

Abzahlungsdarlehen: Das Darlehen wird in gleichen Raten getilgt. Zinsen werden jeweils auf den Restsaldo berechnet. Hierdurch entstehen unterschiedlich hohe Raten, die anfangs höher sind und dann stetig abnehmen.

Annuitätendarlehen: Die vereinbarte Rate bleibt stets gleich hoch. Der Zinsanteil sinkt, der Tilgungsanteil nimmt stetig zu.

4) Die Kreditleihe ist grundsätzlich ein Kreditgeschäft, bei dem das Kreditinstitut seinem Kunden jedoch kein Geld, sondern die eigene Kreditwürdigkeit zur Verfügung stellt (das Vertrauen wird "verliehen"). Sie tritt auf in der Form des Avalkredits, des Akzeptkredits und im Außenhandel in Form des Akkreditivs und des Rembourskredits.

5) Aufgaben der KfW: Gewährung von Darlehen oder Bürgschaften für Vorhaben, die der Förderung der deutschen Wirtschaft dienen; Finanzierung von Ausfuhrgeschäften; Darlehen im Rahmen der Entwicklungshilfe; Umschuldung ausländischer Schuldner gegenüber deutschen Gläubigern.

Aufgaben der AKA: Gewährung von mittel- und langfristigen Krediten zur Finanzierung von Außenhandelsgeschäften sowohl an inländische Exporteure als auch an ausländische Besteller.

6) Formvorschrift: Schriftform zwingend erforderlich;
wesentliche Inhalte: Nettodarlehensbetrag, gegebenenfalls die Höchstgrenze des Darlehens; den Gesamtbetrag aller vom Darlehensnehmer zu entrichtenden Teilzahlungen, Art und Weise der Rückzahlung oder Regelung der Vertragsbeendigung, Zinssatz und alle sonstigen Kosten des Darlehens einschließlich der vom Darlehensnehmer zu tragender Vermittlungskosten, den effektiven Jahreszins oder den anfänglichen effektiven Jahreszins, Kosten einer Restschuld- oder sonstigen Versicherung, zu bestellende Sicherheiten.

7) Persönliche Kreditwürdigkeit bezeichnet den Leumund des Kreditnehmers, seinen persönlichen Ruf, die sachliche Kreditwürdigkeit orientiert sich an ökonomischen Fakten, wie finanzielle Leistungsfähigkeit und ökonomische Zukunftsaussichten.

8) Zeitungsarchiv mit Meldungen über das Unternehmen, Handelsregisterauszüge, veröffentlichte Geschäftsabschlüsse, Anfragen bei Partnerunternehmen, Selbstauskunft

9) Positivmerkmale: Kontoeröffnungsanträge (Datum und Bank), Kontoeröffnungen, Beendigung von Kontoverbindungen, gewährte Konsumentenkredite, Kreditkarten, Bürgschaften

Negativmerkmale: Scheckrückgabe mangels Deckung, eingeleitete Insolvenzverfahren, Missbrauch von Scheckkarten, Missbrauch von Kreditkarten, Zwangsvollstreckungsmaßnahmen, Kündigung von Krediten seitens der Bank

10) Beurteilung der Finanzlage des Unternehmens und Zahlungserfahrungen, Beurteilung der Geschäftsbeziehung, Höchstkreditvorschlag, Bewertung der finanziellen Lage anhand von Rankings bzw. Bonitätsindizes, Wiedergabe archivierter Negativmerkmale, Immobilienbesitz (Art der Immobilie, Wert der Immobilie, Besitzverhältnisse, Belastungen), Unternehmens-Kennzahlen zu Umsatz, Gewinn, Kosten, Finanzierung, Mitarbeiter, etc.

11) Rating bedeutet im Zusammenhang mit der Vergabe von Krediten (Kreditrating) die Beurteilung der Kreditrisiken bei einem Unternehmen auf Basis einer standardisierten Bonitätseinstufung. Ein Rating ist faktisch ein Zeugnis, in dem die Kreditwürdigkeit eines Schuldners beurteilt wird.

12) Die Ausfallbürgschaft ist eine Bürgschaft, bei der der Bürge erst dann in Anspruch genommen werden kann, wenn der Kreditgeber gegenüber dem Kreditnehmer alle Rechte ausgeschöpft hat einschließlich der Klage. Bei der selbstschuldnerischen Bürgschaft verzichtet der Bürge im Vorhinein auf die Einrede der Vorausklage, d.h. er verzichtet letztlich auf sein Recht, vom Kreditgeber zunächst die Ausschöpfung aller rechtlichen Mittel verlangen zu können.

13) Durch die Sicherungsübereignung überträgt der Schuldner dem Gläubiger zur Sicherung einer Schuld das bedingte Eigentum an einer beweglichen Sache, bleibt jedoch selbst Besitzer der Sache. Das Eigentum wird mittels eines solchen Besitzkonstituts (Besitzmittlungsverhältnis) übertragen mit der Verpflichtung zur Rückübertragung, sobald die Schuld getilgt ist, oder mit der Vereinbarung, dass das Eigentum nach Erfüllung der Schuld von selbst an den Schuldner zurückfällt. Dieses Sicherungsmittel ist deshalb für die Finanzierung vor allem von PKW so wichtig, weil der Kreditnehmer den Gegenstand weiter nutzen kann, der Kreditgeber jedoch im Falle der Nichtzahlung das Sicherungsgut dennoch verwerten kann, da es sein bedingtes Eigentum ist.

14) Gemeinsamkeiten zwischen Grundschuld und Hypothek: Es sind beides Grundpfandrechte, die sich auf eine Immobilie als Sicherungsgegenstand beziehen und deshalb im Grundbuch eingetragen werden müssen, um gültig zu sein. Der Unterschied liegt darin, dass die Grundschuld abstrakt ist, d.h. von einer bestimmten Schuld unabhängig. Das Bestehen der Hypothek ist hingegen immer vom Bestehen einer zugrunde liegenden Schuld abhängig.

15) Aktuelle Fördermöglichkeiten der KfW-Bankengruppe sind z.B. KfW- Unternehmerkredit, KfW StartGeld, KfW-Kapital für Arbeit und Investitionen.

Übung 1

Die Bank verlangt von der Siemers GmbH aufgrund des hohen Volumens der kurzfristigen Bankverbindlichkeiten zu ihrer Absicherung eine Abtretung aller gegenwärtigen und zukünftigen Kundenforderungen. Alternativ verlangt sie eine Bürgschaft des geschäftsführenden Alleingesellschafters Martin Siemers in Höhe von 150.000,00 EUR.

a) Sicherungsübereignung von Maschinen und Fuhrpark; Grundschuld in ein mögliches bestehendes Betriebsgebäudes, sofern nicht schon belastet; Verpfändung von Wertpapieren, sofern vorhanden

b) Abtretung: Die Bank bleibt am aktuellen Geschehen beteiligt, sie enthält Informationen über den laufenden Geschäftsprozess und kann jederzeit zugreifen, wenn es die Situation erfordert.

Bürgschaft: Die Bank kann auf释 externes Vermögen zugreifen. Die Bürgschaft ermöglicht es der Bank, sich hinsichtlich die Verbindlichkeiten aus dem Privatvermögen des Martin Siemers zu befriedigen. Letztlich führt die Bürgschaft zu einer Ausweitung der Haftung.

c) Folgen einer Inanspruchnahme aus einer Zession: Die Bank klärt die Kunden über die Zession auf und von nun an dürfen diese mit befreiender Wirkung nur an die Bank zahlen. Den Kunden wird dadurch klar, dass das Unternehmen finanzielle Probleme hat. Folgen einer Inanspruchnahme aus der Bürgschaft: Diese betrifft das Unternehmen nicht direkt, da es um das Privatvermögen des Herrn Siemers geht. Lediglich für den Fall, dass Herr Siemers durch andere Vermögensteile die Bürgschaft nicht bedienen kann, betrifft es auch die GmbH, da die Stammeinlage an der GmbH auch zum Privatvermögen von Herrn Siemers zählt und selbstverständlich gepfändet werden kann.

d) Die Bürgschaft taucht in den Büchern der GmbH nicht auf, sie ist diskret und - sofern bei Herrn Siemers ein ausreichendes Privatvermögen vorhanden ist - auch wirkungsvoll und für die Bank akzeptabel. Die Zession kann, sofern die Bank eine offene Zession verlangt, für die Siemers GmbH problematisch werden, da die Kunden über die kritische finanzielle Lage aufgeklärt werden, was zu Umsatzeinbrüchen führen kann, da ein Kunde ungern mit einem von Insolvenz bedrohten Lieferanten zusammenarbeiten möchte. Bei einer im Übrigen finanziellen stabilen Lage ist deshalb die stille Zession oder das Factoring der Bürgschaft vorzuziehen.

Lösungen Kapitel 5

Wissenskontrollfragen

1) Leasing ist die vertragliche Vermietung bzw. Verpachtung beweglicher oder unbeweglicher Wirtschaftsgüter gegen Entgelt. Vertragspartner sind der Lesasinggeber (Vermieter) und der Leasingnehmer (Mieter).

2) Beim direkten Leasing ist der Leasinggeber der Hersteller des Leasinggegenstandes, beim indirekten Leasing wird zwischen dem Hersteller und dem Leasinggeber eine Leasinggesellschaft eingeschaltet.

3)

Operate Leasing	Finance Leasing
kurze Mietdauer; beide Vertragsparteien haben die Möglichkeit, den Leasingvertrag kurzfristig zu kündigen	mittel- bis langfristige Grundmietzeit (ca. 40 bis 80 % der betriebsgewöhnlichen Nutzungsdauer); während dieser Zeit ist der Vertrag unkündbar
Zweck: kurzfristige Nutzung des Gegenstandes	Zweck: mittel- bis langfristige Finanzierung des Gegenstandes
Leasingobjekt zumeist ein Standardobjekt	Leasingobjekt häufig Spezialanfertigung oder Großobjekt
Investitionsrisiko trägt der Leasinggeber	Investitionsrisiko trägt der Leasingnehmer

4) Leasingrate = Summe aus Abschreibungen, Zinsen, Verwaltungkosten des Leasinggebers, Versicherungs- und Wagniszuschläge, Gewinn des Leasingnehmers.

5) Factoring ist der regelmäßige Verkauf von kurzfristigen Forderungen aus Lieferungen und Leistungen vor Fälligkeit an eine Factoring-Gesellschaft. Beteiligte Personen an diesem Geschäft sind der Verkäufer als Gläubiger einer Forderung (Klient/Anschlusskunde) und die Factoring-Gesellschaft als das zwischengeschaltete Finanzierungsinstitut sowie der Käufer als Schuldner der Forderung.

6) Funktionen des Factoring: Finanzierungsfunktion, Dienstleistungsfunktion, Delkrederefunktion.

7) Stilles Factoring bedeutet, dass der Kunde nicht über die Zusammenarbeit mit dem Factor und die damit verbundene Forderungsabtretung informiert wird. Er leistet seine Zahlungen an den Klienten, der sie an den Factor weiterleitet. Der Verkäufer will damit vermeiden, dass er das Image einer knappen Liqidität bekommt. Bei der offenen Zession wird die Abtretung gegenüber dem Kunden offengelegt.

Übung

a) Neben den Kosten müssen noch berücksichtigt werden: Technologische Aspekte, steuerliche Aspekte, Aspekte der Liquidität und der finanziellen Beweglichkeit.

b)

Vorteile für die Westermann KG	Nachteile für die Westermann KG
- Der Spielraum für Kreditaufnahme bleibt erhalten. - Freie Liquidität kann für die Finanzierung des Umlaufvermögens genutzt werden. - Nach Ablauf der Mietzeit kann ein neues Fahrzeug geleast werden. - Bei einem Vollservice-Vertrag werden Verwaltungskosten eingespart.	- Höhere Kosten von 10 % über denen der Alternative Kauf. - Wenn der der PKW nicht mehr benötigt wird, kann er nicht oder nur mit erhöhten Kosten zurückgegeben werden.

Lösungen Kapitel 6

Wissenskontrollfragen

1) Das magischen Dreieck der Geldanlage bedeutet, dass die drei Ziele der Geldanlage (Rentabilität, Sicherheit und Liquidität) sich nicht gegenseitig unterstützen, sondern in einem Zielkonflikt zueinander stehen. So darf eine hohe Rentabiltät in der Regel nur bei riskanten Anlagen erwartet werden, während eine langfristig sichere Anlage nur zu einer relativ geringen Rentabiltitä führen dürfte.

2) Gläubigerpapiere verbriefen ein Recht auf Rückzahlung des eingesetzten Betrages zuzüglich angefallener, vorher vereinbarter Zinsen. Teilhaberpapiere verbriefen Mitgliedschaftsrechte an einer Gesellschaft und eine Anspruch auf einen Anteil am erzielten Gewinn.

3) Kapitalanleger stellen an kurzfristige Anlagen folgende Anforderungen: Sie müssen schnell liquidierbar sein, risikofrei sein, mit minimalen Kosten verbunden sein und sie müssen nennenswert rentabler sein als die Sichteinlage auf dem Konto.

4) Kurzfristige Anlageformen sind Sichteinlagen, Tages- und Termineinlagen und Geldmarktfonds.

5) Festverzinsliche Wertpapiere sind Gläubigerpapiere, mit denen sich Unternehmen und Institutionen refinanzieren. Sie stellen aus Sicht des Anlegers eine Forderung dar, die mit einem vorher festgelegten Zinssatz verzinst wird. Festverzinsliche Wertpapiere treten als Pfandbriefe, Kommunalobligationen, Bundesanleihen, Industrie- und Bankobligationen auf.

6) Vorteile festverzinslicher Anleihen liegen in der relativ hohen Sicherheit und einer festen Verzinsung. Es gibt zwar Kursschwankungen, die vom allgemeinen Zinsniveau abhängig, aber Kursrisiken wie z.B. bei Aktien sind ausgeschlossen.

7) Aktien sind Wertpapiere, die ein Anteilrecht an einer Aktiengesellschaft verbriefen. Stammaktien verbriefen die gewöhnlichen gesetzlichen und satzungsmäßigen Aktionärsrechte. Dazu zählen i. W. das Teilnahmerecht an und das Stimmrecht bei der Hauptversammlung sowie das Gewinnanspruchsrecht. Vorzugsaktien sind mit bestimmten Vorzugsrechten, z.B. zeitlichen bzw. betragsmäßigen Dividendenvorzügen ausgestattet. Stimmrechtslose Aktien sind immer mit besonderen Dividendenvorzügen (z.B. Vorabdividende) ausgestattet, um die Aktie dennoch attraktiv zu machen.

8) Der Nennwert einer Aktie stellt einen Bruchteil am Grundkapital einer AG dar (Nennwert einer Aktie * Anzahl Aktien = Grundkapital). Der Kurswert ist der Wert einer Aktie, der sich aufgrund von Angebot und Nachfrage als Marktpreis täglich an der Börse bildet.

9) Ein Aktienindex ist eine Messzahl (gewogener Durchschnittswert) aus den Kurswerten einer ausgewählten Gesamtheit von Aktien, die nach Unternehmensgrößen, Regionen oder Branchen zusammengestellt werden. Beispiele: Der DAX (Deutscher Aktien Index) enthält die Schlusskurse der jeweils 30 wichtigsten börsennotierten AG, die rund 60 % des Aktienkapitals aller börsennotierten deutschen AG repräsentieren und ca. 80 % des deutschen Börsenumsatzes ausmachen. Der TecDAX umfasst die 30 größten Unternehmen der Technologiebranchen. Der MDAX enthält 50 Aktien, die in der Größe den DAX-Werten folgen ("mid caps"). Der Dow Jones Index enthält die wichtigsten der an New Yorker Börse notierten nordamerikanischen Aktien.

10) Die Rentabilität einer Aktie ergibt sich aus einem möglichen Kursverlust oder -gewinn, den während der Besitzdauer ausgeschütteten Dividenden sowie dem Gegenwert etwaiger Bezugsrechte oder Gratisaktien, den An- und Verkaufskosten. Das Ergebnis aus diesen Erträgen und Aufwendungen muss auf den investierten Wert beim Aktienkauf bezogen werden, um die Rentabilität berechnen zu können.

11) Kurs/Gewinn-Verhältnis = Aktienkurs / erwarteter Gewinn pro Aktie. Die Kennzahl sagt etwas darüber aus, wie oft der zu erwirtschaftende Gewinn bereits im Börsenkurs enthalten ist und macht so Aktien der gleichen Branche, aber auch Aktien aus unterschiedlichen Branchen miteinander vergleichbar.

Übung

Die Geotec GmbH hat absehbar über einen Zeitraum von einem Jahr einen Liquiditätsüberschuss von 120.000 EUR, der angelegt werden soll. Es stehen folgende alternativen Anlagemöglichkeiten zur Verfügung: Pfandbriefe, Investmentfondanteile, Aktien aus dem DAX.

a)

	Rentabilität	**Liquidität**	**Risiko**
Pfandbrief	mittlere Chance	hoch	gering
Investmentfonds	mittlere Chance	mittel	mittel
Aktien aus dem DAX	relativ hohe Chance	mittel	relativ hoch

b) Allgemeine konjunkturelle Lage, Zinsniveauentwicklung, Brancheninformationen, ggf. Firmeninformationen und ggf. noch Informationen über alternative Anlagemöglichkeiten.

EduMedia

Ebenfalls im Verlag erschienen.

Up-To-Date

Bleiben Sie auch weiterhin auf dem Laufenden. Die Up-To-Date-Broschüren Finanzbuchhaltung und Lohn und Gehalt informieren Sie jährlich über aktuelle Gesetzesänderungen. Alle wichtigen Rechtsstandsänderungen sind übersichtlich zusammengestellt und anhand von Beispielen erklärt.

- Sichern Sie sich bereits jetzt die Broschüre **Up-To-Date 2012 - Finanzbuchhaltung** oder **Lohn und Gehalt** per Vorbestellung.

Xpert Business

	Titel	Preis* (inkl. USt.)	ISBN/Bestellnr.
	Finanzbuchführung 1	22,95 €	978-3-86718-**500**-4
	Finanzbuchführung 1 - Übungen und Musterklausuren	22,95 €	978-3-86718-**550**-9
	Finanzbuchführung 2	22,95 €	978-3-86718-**501**-1
	Finanzbuchführung 2 - Übungen und Musterklausuren	22,95 €	978-3-86718-**551**-6
	Finanzbuchführung mit Lexware	22,95 €	978-3-86718-**502**-8
	Finanzbuchführung mit DATEV (inkl. Teilnehmer-CD)	22,95 €	978-3-86718-**592**-9
	Finanzbuchführung mit DATEV - Dozenten CD	kostenfrei	978-3-86718-**593**-6
	Intensivkurs Finanzbuchführung - Betriebl. Übungsfallstudie	16,95 €	978-3-86718-**594**-3
	Up-To-Date 2011 - Finanzbuchhaltung	9,95 €	978-3-86718-**001**-6
VORBESTELLUNG	Up-To-Date 2012 - Finanzbuchhaltung	9,95 €	978-3-86718-**003**-0
NEU	Einnahmen-Überschussrechnung	22,95 €	978-3-86718-**598**-1
	Lohn und Gehalt 1	22,95 €	978-3-86718-**503**-5
	Lohn und Gehalt 1 - Übungen und Musterklausuren	22,95 €	978-3-86718-**553**-0
	Lohn und Gehalt 2	22,95 €	978-3-86718-**504**-2
	Lohn und Gehalt 2 - Übungen und Musterklausuren	22,95 €	978-3-86718-**554**-7
	Lohn und Gehalt mit Lexware	22,95 €	978-3-86718-**505**-9
	Lohn und Gehalt mit DATEV (inkl. Teilnehmer-CD)	22,95 €	978-3-86718-**595**-0
	Lohn und Gehalt mit DATEV - Dozenten CD	kostenfrei	978-3-86718-**596**-7
	Up-To-Date 2011 - Lohn und Gehalt	9,95 €	978-3-86718-**002**-3
VORBESTELLUNG	Up-To-Date 2012 - Lohn und Gehalt	9,95 €	978-3-86718-**004**-7
	Kosten- und Leistungsrechnung	22,95 €	978-3-86718-**511**-0
	Kosten- und Leistungsrechnung - Übungen und Musterklausuren	16,95 €	978-3-86718-**561**-5
	Controlling	22,95 €	978-3-86718-**508**-0
	Controlling - Übungen und Musterklausuren	22,95 €	978-3-86718-**558**-5
	Bilanzierung	22,95 €	978-3-86718-**507**-3
	Bilanzierung - Übungen und Musterklausuren	22,95 €	978-3-86718-**557**-8
	Steuerrecht	22,95 €	978-3-86718-**506**-6
	Steuerrecht - Übungen und Musterklausuren	16,95 €	978-3-86718-**556**-1
	Finanzwirtschaft	22,95 €	978-3-86718-**510**-3
	Finanzwirtschaft - Übungen und Musterklausuren	22,95 €	978-3-86718-**560**-8

* Änderungen vorbehalten. Aktuelle Preise finden Sie auf www.edumedia.de

Xpert Business WirtschaftsWissen

Titel	Preis* (inkl. USt.)	ISBN/Bestellnr.
Systeme und Funktionen der Wirtschaft	11,95 €	978-3-86718-**600**-1
Wirtschafts- und Vertragsrecht	11,95 €	978-3-86718-**601**-8
Unternehmensorganisation und -führung	11,95 €	978-3-86718-**602**-5
Produktion, Materialwirtschaft und Qualitätsmanagement	11,95 €	978-3-86718-**603**-2
Finanzen und Steuern	11,95 €	978-3-86718-**604**-9
Marketing und Vertrieb	11,95 €	978-3-86718-**605**-6
Personal- und Arbeitsrecht	11,95 €	978-3-86718-**606**-3
Rechnungswesen und Kostenrechnung	11,95 €	978-3-86718-**607**-0
WirtschaftsWissen kompakt	22,95 €	978-3-86718-**611**-7
WirtschaftsWissen für Existenzgründer	29,95 €	978-3-86718-**612**-4

* Änderungen vorbehalten. Aktuelle Preise finden Sie auf www.edumedia.de

WirtschaftsWissen kompakt

Das Buch fasst eine Auswahl wichtiger und besonders relevanter Themen aus der Fachbuchreihe 8x8-WirtschaftsWissen zusammen. Es bietet fundiertes und aktuelles Basiswissen zum Verständnis des Wirtschafslebens und einen orientierenden Einstieg in das Xpert Business-System.

- Baustein 1 - Systeme und Funktionen der Wirtschaft
- Baustein 2 - Wirtschafts- und Vertragsrecht
- Baustein 3 - Unternehmensorganisation und -führung
- Baustein 4 - Produktion, Materialwirtschaft und Qualitätsmanageent
- Baustein 5 - Finanzen und Steuern
- Baustein 6 - Marketing und Vertrieb
- Baustein 7 - Personal- und Arbeitsrecht
- Baustein 8 - Rechnungswesen und Kostenrechnung

Xpert Personal Business Skills

Titel	Preis* (inkl. USt.)	ISBN/Bestellnr.
Wirksam vortragen - Rhetorik 1	15,95 €	978-3-86718-**080**-1
Erfolgreich verhandeln - Rhetorik 2	15,95 €	978-3-86718-**081**-8
Zeit optimal nutzen - Zeitmanagement	15,95 €	978-3-86718-**082**-5
Erfolgreich verkaufen - Verkaufstraining	15,95 €	978-3-86718-**083**-2
Projekte realisieren - Projektmanagement	15,95 €	978-3-86718-**084**-9
Konflikte lösen - Konfliktmanagement	15,95 €	978-3-86718-**085**-6
Erfolgreich moderieren - Moderationstraining	15,95 €	978-3-86718-**086**-3
Probleme lösen und Ideen entwickeln	15,95 €	978-3-86718-**087**-0
Kompetent entscheiden und verantwortungsbewusst handeln	15,95 €	978-3-86718-**088**-7
Teams erfolgreich entwickeln und leiten	15,95 €	978-3-86718-**089**-4
Overhead-Folien und Bildschirmshows	15,95 €	978-3-86718-**090**-0
Präsentationen gekonnt durchführen	15,95 €	978-3-86718-**091**-7

* Änderungen vorbehalten. Aktuelle Preise finden Sie auf www.edumedia.de

Projekte realisieren - Projektmanagement

Um auf neue Herausforderungen flexibel und leistungsfähig reagieren zu können, werden in Organisationen Ziele und Aufgaben zunehmend projektbezogen formuliert. Der Band vermittelt theoretische Grundlagen und praxisnahe Beispiele für die erfolgreiche Projektarbeit und das Management von Projekten.

- Ein Projekt nach Phasen organisieren und umsetzen
- Ein kompetentes Projektteam entwickeln und etablieren
- Meilenstein-, Termin-, Aktivitäten- und Ressourcenpläne erstellen
- Geeignete Arbeitstechniken anwenden
- Den Projektablauf kontrollieren und steuern

EDV

Titel	Preis* (inkl. USt.)	ISBN/Bestellnr.
Grundlagen der EDV XP	13,95 €	978-3-86718-**310**-9
Windows XP	13,95 €	978-3-86718-**318**-5
PC-Starter - Version für Windows 7	13,95 €	978-3-86718-**340**-6
Grundlagen Internet XP	13,95 €	978-3-86718-**311**-6
Textverarbeitung XP	13,95 €	978-3-86718-**312**-3
Textverarbeitung 2003	13,95 €	978-3-86718-**332**-1
Textverarbeitung 2007	13,95 €	978-3-86718-**341**-3
Tabellenkalkulation XP	13,95 €	978-3-86718-**313**-0
Tabellenkalkulation 2003	13,95 €	978-3-86718-**333**-8
Tabellenkalkulation 2007	13,95 €	978-3-86718-**342**-0
Datenbanken XP	13,95 €	978-3-86718-**314**-7
Datenbanken 2007	13,95 €	978-3-86718-**343**-7

* Änderungen vorbehalten. Aktuelle Preise finden Sie auf www.edumedia.de

Xpert Culture Communikation Skills

Titel	Preis* (inkl. USt.)	ISBN/Bestellnr.
Interkulturelle Kompetenz	19,95 €	978-3-86718-**200**-3
Cross-cultural competence (englischsprachige Ausgabe)	21,95 €	978-3-86718-**201**-0
Leben und Arbeiten in Deutschland	11,95 €	978-3-86718-**202**-7

* Änderungen vorbehalten. Aktuelle Preise finden Sie auf www.edumedia.de

Büroorganisation

Titel	Preis* (inkl. USt.)	ISBN/Bestellnr.
Büroorganisation und Arbeitsoptimierung (HardCover-Ausgabe)	34,80 €	978-3-86718-**400**-7
Büroorganisation (SoftCover-Ausgabe)	27,80 €	978-3-86718-**402**-1
LOTUS NOTES- und IT-Anwendungen	9,95 €	978-3-86718-**401**-4

* Änderungen vorbehalten. Aktuelle Preise finden Sie auf www.edumedia.de

Büroorganisation

Dieses Praxishandbuch zeigt Ihnen:

- wie Sie mit der neuen Arbeitsmethode 4C Ihre Arbeit in Sekretariat und Büro effizient und effektiv organisieren,
- wie Sie mit einer optimalen Büroausstattung aber auch durch einfache Tricks und kleine Alltagshilfen Ihren Arbeitsplatz übersichtlich einrichten, die tägliche Büroarbeit vereinfachen und sich von Zettelwirtschaften befreien,
- wie Sie am Telefon, per Fax, Brief und E-Mail schnell, sicher und souverän kommunizieren, und Termine professionell und zeitgemäß managen,
- wie Sie Gäste stilsicher betreuen und Events professionell planen und durchführen und die Reisen Ihres Chefs effizient und professionell organisieren.

Darüber hinaus gibt dieses Praxishandbuch Einblicke in wichtige Zusammenhänge und Begrifflichkeiten der Betriebswirtschaft, des Controllings und der Verhaltenspsychologie und stellt die wichtigsten Managementinstrumente vor.

Konditionen und Kundenservice

Bestell- und Kundenservice

Ob es um Fragen zu unseren Produkten, zu einer Lieferung oder um aktuelle Informationen geht, unser Kundenservice ist gern für Sie da. Sie werden von Ihrem persönlichen Kundenbetreuer individuell beraten oder mit dem Experten für die jeweiligen inhaltlichen Fragen verbunden.

- ☑ Online: www.edumedia.de
  Bestellen Sie zu jeder Tages- und Nachtzeit. Zeitunabhängig und zuverlässig.
- ☑ Telefon-Hotline: 05031 - 909800
  Treffen Sie individuelle Absprachen mit Ihrem persönlichen Kundenbetreuer. Wir sind flexibel.
- ☑ Fax: 05031 - 909801
  Nutzen Sie das beiliegende Faxformular.
- ☑ E-Mail: info@edumedia.de
  Bestellen Sie bequem und zeitunabhängig.

Bestellformular

(auch per Fax an 05031 - 90 98 01)

Zu Händen: Frau Karola Macholdt

Ich bestelle:

Anzahl	Titel	Bestellnummer / ISBN

	Rechnungsanschrift	Lieferanschrift
Institut		
Straße		
PLZ / Ort		
Ansprechpartner		
Telefon		
E-Mail		
Kundennummer		

☐ Ich habe die Allgemeinen Geschäftsbedingungen der EduMedia GmbH zur Kenntnis genommen und stimme diesen zu. (Die AGB finden Sie in unserem aktuellen Katalog oder auf der Website www.edumedia.de)

EduMedia Kundenservice:

Logistikzentrum
Ziegelhüttenweg 4
98693 Ilmenau

Kundenservice
Telefon: 05031 - 90 98 00
Fax: 05031 - 90 98 01

E-Mail/Web
info@edumedia.de
www.edumedia.de

Unsere Lieferbedingungen:

Lieferungen erfolgen bei 1 Exemplar als Büchersendung mit einer Versandkostenpauschale von 3,00 Euro (inkl. MwSt), ab 2 Exemplaren erfolgt die Lieferung als versichertes Paket. Weitere Informationen zu unseren Lieferbedingungen erfahren Sie unter: www.edumedia.de/lieferbedingungen

Widerrufsbelehrung:

§ 1 Widerrufsrecht

Sind Sie Verbraucher, können Sie Ihre Vertragserklärung innerhalb von 14 Tagen ohne Angabe von Gründen in Textform (z.B. Brief, Fax, E-Mail) oder wenn Ihnen die Sa-che vor Fristablauf überlassen wird - auch durch Rücksendung der Sache - widerrufen. Die Frist beginnt nach Erhalt dieser Belehrung in Textform, jedoch nicht vor Eingang der Ware beim Empfänger, bei der wiederkehrenden Lieferung gleichartiger Waren nicht vor Eingang der ersten Teillieferung und auch nicht vor Erfüllung unserer Pflichten gemäß Artikel 246 § 2 in Verbindung mit § 1 Absatz 1 und 2 EGBGB sowie unserer Pflichten gemäß § 312g Absatz 1 Satz 1 BGB in Verbindung mit Artikel 246 § 3 EGBGB. Zur Wahrung der Widerrufsfrist genügt die rechtzeitige Absendung des Widerrufs oder der Sache.

Der Widerruf ist per Brief zu richten an:

EduMedia GmbH
Ziegelhüttenweg 4
98693 Ilmenau

oder per Tel.: 0 50 31 / 90 98 00
oder per Fax an: (05031) 90 98 01
oder per E-Mai an: info@edumedia.de

§ 2 Widerrufsfolgen

Im Falle eines wirksamen Widerrufs sind die beiderseits empfangenen Leistungen zurückzugewähren und ggf. gezogene Nutzungen (z.B. Zinsen) herauszugeben. Können Sie uns die empfangene Leistung sowie Nutzungen (z.B. Gebrauchsvorteile) nicht oder teilweise nicht oder nur in verschlechtertem Zustand zurückgewähren bezie-hungsweise herausgeben, müssen Sie uns insoweit Wertersatz leisten. Wertersatz für gezogene Nutzungen müssen Sie nur leisten, soweit Sie die Ware in einer Art und Weise genutzt haben, die über die Prüfung der Eigenschaften und der Funktionsweise hinausgeht. Unter „Prüfung der Eigenschaften und der Funktionsweise" versteht man das Testen und Ausprobieren der jeweiligen Ware, wie es etwa im Ladengeschäft möglich und üblich ist.
Paketversandfähige Sachen sind auf unsere Gefahr zurückzusenden. Sie haben die regelmäßigen Kosten der Rücksendung zu tragen, wenn die gelieferte Ware der bestellten entspricht und wenn der Preis der zurückzusendenden Sache einen Betrag von 40 Euro nicht übersteigt oder wenn Sie bei einem höheren Preis der Sache zum Zeitpunkt des Widerrufs noch nicht die Gegenleistung oder eine vertraglich vereinbarte Teilzahlung erbracht haben. Andernfalls ist die Rücksendung für Sie kostenfrei. Nicht paketversandfähige Sachen werden bei Ihnen abgeholt. Verpflichtungen zur Erstattung von Zahlungen müssen innerhalb von 30 Tagen erfüllt werden. Die Frist beginnt für Sie mit der Absendung Ihrer Widerrufserklärung oder der Sache, für uns mit deren Empfang.